名家写名人

杂交水稻之父

袁隆平

朱自强◎主编
庄志霞　赵庆庆◎著

中国和平出版社
China Peace Publishing House

图书在版编目（CIP）数据

杂交水稻之父袁隆平 / 庄志霞，赵庆庆著．-- 北京：中国和平出版社，2022.1（2022.12重印）

（名家写名人 / 朱自强主编）

ISBN 978-7-5137-2111-0

Ⅰ．①杂… Ⅱ．①庄… ②赵… Ⅲ．①袁隆平 – 生平事迹 – 青少年读物 Ⅳ．①K826.3-49

中国版本图书馆CIP数据核字(2021)第173957号

名家写名人 杂交水稻之父袁隆平　朱自强◎主编　庄志霞　赵庆庆◎著

策　　划　林　云
责任编辑　张春杰
设计制作　弯　弯
封面绘画　王　光
内文插图　张建鑫
责任印务　魏国荣
出版发行　中国和平出版社（北京市海淀区花园路甲 13 号院 7 号楼 10 层 100088）
　　　　　www.hpbook.com　hpbook@hpbook.com
出 版 人　林　云
经　　销　全国各地书店
印　　刷　凯德印刷（天津）有限公司
开　　本　710mm × 1000mm　1/16
印　　张　10.75
字　　数　94 千字
印　　量　8001 ~ 11000 册
版　　次　2022 年 1 月第 1 版　2022 年 12 月第 2 次印刷
书　　号　ISBN 978-7-5137-2111-0
定　　价　25.00 元

序言

作家给孩子们的阅读礼物

朱自强

在儿童的课外读物中，传记文学应该是一种十分重要的门类，具有特殊的重要价值。新的《语文课程标准》已经用较为宽阔的视野，看待提高语文能力的过程，建议小学阶段的语文课外阅读量不少于145万字。那么小学生（包括初中生）的语文课外阅读读什么？当然主要是阅读儿童文学，而传记文学正是儿童文学中特殊的、重要的一种文类。

进入给儿童的传记文学的传主一般需具备这样一些条件。他们在某个领域有相当的成就、贡献；他们的生命历程具有波澜曲折；他们应该具有富于魅力的个性和独到的见解。这样的传主经过具有人生经验和智慧，富于文学才华的作家立传，无疑会给儿童读者以积极的影响。利丽安·史密斯就说："阅读历史和传记能够矫正短视的人生观。当孩子意识到自己生活的时代，只是从人类在这个地球上诞生之始到未知的将来这一漫长旅途上的一小段路程，就会产生了解其他时代、其他国度的生活的愿望。这样的阅读给予孩子内省的观点，帮助孩子学会鉴别只有一时价值的事物，学会全面的思考方法。"可以说，与一般的小说阅读相比，传记文学对儿童的成长具有更大、更深刻、更直接的影响。

孩子们阅读传记，除了求知，更希望汲取伟人的经验，来开辟自己的人生道路，为自己设定高远的奋斗目标。一本优秀传记可以让儿童的阅读生活更加快乐；同时，一本传记改变一个人一生的事例也是屡见不鲜。

传记对于儿童的精神成长具有如此重要的价值，而目前书店书架上众多的传记作品，在文学性和儿童性这两个方面还存在着很多问题。传记是文学，给孩子们阅读的传记，则应该是优秀的儿童文学。艺术性、思想性、趣味性应该成为儿童版传记所不能或缺的要素。

由中国和平出版社出版的“名家写名人”传记文学丛书，是给孩子们的一份珍贵礼物。为了打造一套高质量、高品位的儿童传记文学丛书，同时也为儿童文学的一个重要文类积累优秀成果，我特别邀请了汤素兰、程玮、格日勒其木格·黑鹤、薛卫民、徐鲁、王一梅、李东华、薛涛、李学斌、鲁冰、周晴、张洁、董恒波、余雷、管家琪、爱薇、刘东、林彦、北董、侯颖、郝月梅、顾鹰等儿童文学知名作家为孩子们创作传记，还邀请了庄志霞、赵庆庆、周宛润等作家加盟创作队伍。可以毫不夸张地说，迄今为止，在国内儿童版的传记丛书中，这样强大的优秀儿童文学作家的阵容还从未出现过。这些作家的人生智慧和艺术才华，给这套传记丛书提供了优良的品质保证，也使目前传记文学的创作，实现了艺术质量的提升。

这是作家给孩子们的一份阅读大礼。希望这些书籍成为孩子们成长道路上的良师益友。

导读

禾下乘凉梦

庄志霞　赵庆庆

小朋友们，问你们一个问题，你认为什么是最重要的呢？自由？尊严？财富？要我说，这些都不是最重要的。我认为食物最重要。因为我们每个人都要吃饭，只有吃饱饭，生命才能延续；只有生命延续了，才有机会做出更大的贡献。

一则公益广告中有这么一句话："不管冠军还是拳王，只要两餐不吃饭，英雄就会变成狗熊。"

还有这么一个有趣的例子：一个学生宣传倡导"节约粮食"时曾经做了这样一个描述：中国13亿人嘴巴张开的面积之和有天安门广场那么大。我们试想一下，如果真有这么大的一张嘴，每天吃像30层楼那么高的大蛋糕，能吃好几块，那么一年下来要吃掉多少粮食啊！

可见，粮食问题的确是一个大问题。

"民以食为天"，中国直到几十年前改革开放，杂交水稻普及推广，才解决了温饱问题。

20世纪90年代，美国世界观察研究所所长莱斯特·布朗提出了一个非常严峻的问题："21世纪谁来养活中国人？"他的理论是，如果占世界人口1/5的中国人养不活自己，世界上没有一个国家能够供应这么多人的口粮，因此势必给世界带来巨大的负面影响。

面对如此的危言，有一个人站了出来，表示中国人完全有能力自己养活自己，还可以帮助世界人民解决吃饭问题。这个人，就是被国际水稻同行誉为"杂交水稻之父"的袁隆平。

袁隆平的个子不高，但他凭借自己那并不伟岸的身躯自信地扛起了中国甚至是"地球村"的吃饭问题。

袁隆平大声告诉了世界，自从推广杂交水稻以来，杂交稻在中国累计种植了60多亿亩，共增产6000多亿公斤。不仅如此，袁隆平还有更高的目标。他希望在百岁之前，杂交稻达到每公顷产量20吨。他还带领着团队向"海水稻"发起了挑战，计划在全国十几亿亩的盐碱地上开辟出耐盐碱的水稻1亿亩，这样至少可以多产300亿公斤粮食，多养活1亿人。

袁隆平为人类做出了巨大贡献。为此，他获得了中国人民的爱戴，也赢得了世界人民的赞扬。除了"诺贝尔奖"之外，他几乎获得了中外所有相关的重要奖项和荣誉。

年轻时的袁隆平曾经做过一个奇妙的梦，他梦见杂交水稻长得跟高粱一样高，稻穗像扫帚一样长，谷粒像花生米一样大，人们坐在稻荫下乘凉。半个多世纪以来，为了实现这个禾下乘凉梦，他不管刮风下雨，几乎天天都要到稻田工作，即使逢年过节也不例外。

我们在这本小书里，就是要告诉小朋友们袁隆平爷爷小时候的故事，以及他如何不畏千难万险从事科学探索，最终走向成功的人生历程。希望这本小书对小朋友们的学习和成长有所帮助。

目录

第一章 童年的梦

1. 初夏的园艺场

初夏的一天，武汉长江边上的汉口扶轮小学里，一片欢声笑语。一年级的小学生们在老师的带领下，出发去园艺场参观。

园艺场的美景，让他们不由得睁大了双眼。各种各样的树木花卉都像是披上了五颜六色的彩衣，红艳艳的桃子和杨梅、绿莹莹的葡萄和青梅、黄澄澄的香瓜、紫嘟嘟的桑葚……农田里，一根根藤蔓连着一个个大西瓜；池塘里，一张张硕大的荷叶像一顶顶伞似的张开着。在翠绿的竹林后，还绵延着无边无际的稻田……

城里的孩子们被惊呆了，没想到世界上还有这么好看、好玩的地方，这与闹市里车水马龙的景象多不一样啊！

老师告诉小朋友们，夏天是植物生长最旺盛的季节，春种秋收，丰收要靠辛勤的劳动换来……

一个模样儿机灵的小男孩目不转睛地看着，仿佛突然想起了一个问题，他好奇地问："这些庄稼都是谁种的呀？"

老师指了指不远处一位正在果树下忙活的大伯说："这些庄稼、果树都是农民伯伯种出来的，你瞧，他们正在那里松土呢。"

"我也去！"小男孩说着飞快地跑了过去，愣愣地问道："农民伯伯，我来帮您松土好吗？"

大伯停下了手中的活，疼爱地说："好孩子，你还太小，等你长大了再来吧！"

小男孩却执拗地一歪头："您让我试试吧。"说着拿过那把比他个头还高的锹把，费劲地挖了起来。

看着孩子的认真劲儿，大伯不禁对跟着走来的老师赞扬道："真是个好样的孩子！不过现在看着好玩，等日后长大了，就不愿干啰！"

谁知小男孩停下了手中的锹把，抬起头一脸严肃地反驳道："不，我长大了也要跟您一样种庄稼，当农民！"

当天夜里，这孩子做了一个梦。在梦中，他成了这个园艺场里的主人，就像白天见到的农民伯伯一样，头戴草帽，手握锄把，走在自己的庄园里。蓝天下清风拂面，喜鹊在枝头唱歌，知了在树丛鸣叫，果园里果实累累，农田里稻浪翻滚……正当他坐在瓜田里惬意地品尝着自己的丰收果实时，突然有人喊道："小主人，不好了，有许多灾民都来割你的稻子啦！"他一听却跳起来喊道："太好啦！让他们都来，都来吧！这么多东西，我一个人吃不了的！"

这个从小就有着宽阔胸怀的孩子，在他成年之后，不仅实现了当"农民"的理想，同时还实现了让全世界人都来分享他的智慧的愿望。他像一个真正的农民一样，在此后漫长的半个多世纪里，无论酷暑严寒，风吹雨打，一直辛勤耕耘在农田里，耕耘着他的"梦想"——他创造出来的杂交水稻，使整个中国乃至全世界都逐步摆脱了人多田少、产量不足的困境，并最终引领世界向吞噬人类生灵的饥饿告别。

这个小男孩就是日后在世界水稻研究领域叱咤风云，被人们赞誉为"杂交水稻之父"的袁隆平。

2. 书香门第

1929年8月13日，农历己巳年七月初九，袁隆平在北平

（今北京）的协和医院出生了，这家医院至今还保存着他出生的档案。但是，很多人都以为袁隆平出生在1930年，他和家人也习以为常了。满脸喜悦的父亲看着襁褓中的孩子对妻子说：“咱们的大毛是在天津出生的，叫隆津，这个在北平出生的嘛，就叫隆平吧。你看怎么样？”妻子俯首凝视着怀中的婴儿，片刻，她抬起头，温柔地笑着对丈夫说道：“好，就叫隆平吧！”

父亲按照袁氏家族的排辈习惯，在“隆”字后面加上孩子的出生地，给他们取名。

在隆平来到人世之前，母亲已生下了一个哥哥，排行老二的他，乳名便被唤作“二毛”。按中国传统的十二生肖论，巳年属蛇，民间称蛇为“小龙”。在炎热的夏季，一条很有生气的“小神龙”的降临，给全家带来了新的气象。

袁隆平的祖籍地处江西省北部的德安县，在鄱阳湖西边的丘陵坡地，袁氏先族世代繁衍生息着。

袁隆平的祖父袁盛鉴，在孙中山先生领导的国民革命时期，先后位居江西省第一届议会议员、广东省琼崖行政长官秘书长、文昌县县长之职。他对子孙们要求很严。二毛忘不了，一次吃饭，他不慎掉了几个饭粒在桌上，祖父立刻要他捡起来，认真地说：“孩子，古诗上说得好‘锄禾日当午，汗滴禾下土，谁知盘中餐，粒粒皆辛苦'，每一粒米饭都来之不易啊！”

父亲袁兴烈毕业于南京的东南大学，曾任过县立高等小学校长、督学，以后又在北平铁路局当了一名高级职员。他精通中国古典文学，热心教育，在学校要求学生们从小要志存高远，在家对孩子更是严格。二毛清晰地记得父亲要他反复朗读南宋哲学家朱熹的诗，并且叮嘱他，不但要会背诵，还要明白诗中的道理：

少年易老学难成，
一寸光阴不可轻。
未觉池塘春草梦，
阶前梧叶已秋声。

虽然年幼的他对这首诗的意境还不甚了解，但他还是明白了父亲要他们珍惜光阴、发愤苦学的用意。

但是在二毛的印象中，父亲整天奔忙在外，又很严肃，不如和他们朝夕相处的母亲那样来得亲近。

二毛的母亲叫华静，祖籍江苏扬州，自幼就受到良好的教育，毕业于英国人办的教会学校，当过中学英语教师。和当时许多家境殷实的知识妇女一样，她在结婚生子后，便成了贤妻良母，担当起了操持家务、相夫教子的责任。

在二毛的童年记忆中，和颜悦色的母亲似乎总有那么多讲不完的故事，能吟咏那么多好听的诗词歌谣，从盘古开天地、女娲补天、哪吒闹海、鲁班造桥，到宋代史学家司马光小时候为救掉入水缸的小朋友，砸破水缸……二毛和哥哥每天总好像在妈妈讲的故事中朦胧睡去。

3. 好动的“小龙”

二毛两岁时，中国历史上发生了一件大事：1931年9月18日，和中国比邻的岛国日本对中国发动了侵略战争。日本军队用大炮攻占了中国沈阳，随后又占领了东北三省。和当时动乱中的许多家庭一样，二毛一家人只好离开北平，辗转到了老家江西的赣州、德安，后又到了武汉的汉口。这期间，母亲先后生下了弟弟隆赣、隆德。

属小龙的二毛和哥哥弟弟们不一样，他天性好动，什么都想学，想问个为什么。看到家里的茶杯上有兰花图案，就琢磨着这花怎么会印在上面，左右把玩着，杯子便掉在地上碎了。看到祖母用“水烟袋”吸烟，他对咕噜咕噜冒水泡的声音感到好奇，便趁没人时吸了一口，呛得受不了，一撒手，水烟袋掉在地上摔坏了。祖母拿烟管敲他的脑袋。对这条好动的“小龙”，妈妈非常有耐心，从不责怪，见二毛对一些事物有好奇心，还常常有意疏导，鼓励他凡事要多动脑，再动手，但二毛也因此经常做出一些让父母提心吊胆的事儿来。

这年春节，爸爸妈妈带孩子们一起坐船回家过年。二毛乘父母不备，一个人溜到甲板上，只见一个修甲板的木匠师傅嘴里衔着一排铁钉，用手捏着一根铁钉往木头上一摁，一锤子下去，钉子噌地一下就钻进木头里去了。嘿，比妈妈讲的《西游记》里巨灵神的大铁锤还厉害！二毛便也学着拿起一把钉子往嘴里放。可是他嘴小，衔不了那么多，叼了这根，掉了那根。没法子，先衔一根找找感觉吧。这回好了，没掉，和木匠师傅比比，他觉得自己还挺潇洒的！

二毛又想起《西游记》里那个会七十二变的美猴王！于是，他学孙悟空翻开了跟斗，上蹿下跳，猛一咕噜，不好，钉子竟钻进肚里了！好疼哟！他憋住了眼泪，心想：我是孙悟空，钉子钻进了肚子，是不能哭鼻子的。他紧靠在船柱子上，不动也不叫，还琢磨着怎样才能让钉子自己跳出来呢！这时，爸爸妈妈恰巧找到了这里，问明情况后，心急如焚的爸爸一把将二毛抱起，妈妈更是急得直流眼泪，好在这时船就要靠岸了。二毛被及时送进了医院。只是为了救治他，全家人那次的旅程全给搅乱了。

童年二毛的这段历险记，显出了他的镇定、勇敢和爱动脑筋，这些优秀品质伴随着他的成长，在他坎坷的一生中屡建奇功。

第二章
流离失所的少年

1. 桃源历险

转眼间，二毛8岁了。

1937年7月7日，位于北平附近的卢沟桥响起了枪声。日本侵华军队把战场推向整个华北，不久又将战火烧到上海、汉口与广州。

面对敌机的轰炸，几经迁徙，刚在汉口落脚不到两年的二毛一家人，只得再次选择逃难。

二毛问妈妈：“我们又要到哪里去呀？”

妈妈说：“到没有日本鬼子的地方去。”

二毛又问：“日本鬼子为什么老要到咱们的地方来啊？”

妈妈边收拾东西边回答说："因为他们想要霸占咱们中国。"

"那咱们就不让他们霸占！"二毛气鼓鼓地喊着。

妈妈赞许地点头道："对，等你们长大了，把日本鬼子都赶出去！"

望着即将离开的家，二毛默默地想：我什么时候才能长大呢？

1938年的秋天，二毛全家人乘坐一条小木船，从武汉沿长江逆水而上。船到岳阳后，进入洞庭湖，沿弯弯曲曲的水道又走了几天才到湖的尽头，再从常德进入沅江，到达目的地——湖南省桃源县。江面上风大浪急，尽管船夫们使出浑身力气，短短200多公里的水路竟用了20多天才走完。

就在他们到达桃源县的第二天中午，街上突然响起了尖利的防空警报，还没等一家人躲到安全的地方，日军轰炸机已经到达桃源的上空。危急关头，妈妈抱着小弟弟，和爸爸一起，用身躯掩护着孩子，将他们连拉带拽，推进一个石拱桥下。片刻间，敌机的炸弹扔了下来，震耳欲聋的爆炸声接连响起，桃源县城内火光冲天……

遭空袭后的县城一片废墟，尸横遍野，死难者亲人的哭声撕心裂肺。二毛一家人和城里死里逃生的人们一起，悲愤

地看着眼前瞬间发生的这一幕惨绝人寰的景象。爸爸对满脸哀伤的妈妈说："是我错了，是我错了！我只想为孩子们找一个与世隔绝的'世外桃源'来躲避战争，怎么就没想到战争是不会有前方后方的，我们的这条小破船怎么能跑过敌人的飞机呢？"

妈妈的脸上显出了少有的严肃："看来躲是躲不过去了。"

爸爸沉思良久，最终斩钉截铁地说："看来只有到西南大后方了！"

此刻，和家人一起刚经历了一场生死考验的二毛似乎一下子长大了。他久久注视着父母，从父母的身上突然感悟到了一种从未有过的神圣的感情。

2. 水上漂泊

当天晚上，一家人就在小船上度过了凄清的一夜。冷月寒霜下，大家谁都没有说话，连正在嗷嗷待哺的五弟都一声没吭。整个桃源县城笼罩在一片死寂之中。只有烟灰的呛人味，却没有灯火，也看不见有人走动，偶尔听到远处随风传来隐约的哭泣声。

二毛难得很安静地坐在船舱里。因为听爸爸妈妈说，上岸已经不可能，继续往前走，前面是湘西，在这兵荒马乱的年代，这一带土匪十分猖獗，不知什么时候就会遭遇劫道。眼前唯一一条路，就是原路返回，再走浩渺的“八百里洞庭”，迂回到波涛滚滚的长江，然后逆流而上，到重庆去。

这又将是一次意志与体力较量的航行。袁家五兄弟，除去年幼无知的两个小弟弟，都目睹了父母在这次长旅中的临危不惧和自我牺牲，目睹了船夫们的吃苦耐劳和坚忍不拔。

二毛问妈妈：“我们必须返回吗？”

“是的，我们必须原路返回。”

“那，这么多路我们不是全白走了吗？”

“是的，”妈妈耐心地回答，“如果我们不走这一趟，我们怎么知道这里也不安全呢？”

“万一，前面也被鬼子炸了呢？”二毛突然显出了与他的年龄不相称的担忧。

妈妈毫不犹豫地说：“那我们就再返回，重新找寻我们的家。”

毕竟又要走一段回头路，从心理和生理上都已感到困苦不堪。但是，他们没有放弃。经过近一个月的水上跋涉，小船才到达宜昌的江边码头。这时，冬季已经来临，天气太冷，船无法继续在江面上航行，只好暂时停靠在宜昌。

1939年的春节在凛冽的北风中到来了。二毛一家人蛰居在小船上。没有美味的菜肴，没有好看的衣裳，也听不到喜庆的鞭炮。前方的路途就像这在江涛中沉浮漂流、随时会遭遇不测的小船，全中国都在遭受着国破家亡的灾难。

春天来了。春江之水，浩浩荡荡，一叶小舟又开始了逆水之行。过三峡，跨险滩，不知经历了多少个惊心动魄的日日夜夜，小木船终于来到了战时大后方的重庆。

然而，此时的重庆也已成了日军飞机轰炸的目标。每当山城上空响起刺耳的空袭警报，整座城市便立刻陷入一片混乱中。

一天，空袭过后，二毛带着弟弟去江边玩耍，突然看见江边的沙滩上横陈着上百具血肉模糊的尸体，而且很多尸首都不全了……两个孩子被惊呆了。

不到两年时光，又一幕悲惨的情景，让二毛的心灵受到强烈的震撼。这是他少年生涯中，第二次目睹如此刻骨铭心的惨象。回家后，二毛将所见所闻告诉了父亲。这次，很少情绪激动的父亲两眼却抑制不住地射出了怒火，他一字一句地说道："如果我们还不行动起来，明天躺在那儿的就可能是我们自己。"

二毛听了有些似懂非懂，但他隐约感到，父亲一定是在下什么决心。

3. 500把大刀

这天，弟弟三毛悄悄向哥哥发布了一条“重要新闻”：爸爸决定向抗日的军队赠送500把大砍刀！

二毛一听，张开的嘴巴半天没合拢：500把大砍刀，这么多啊！二毛有点怀疑，上次他看见一把木头的大砍刀，想要妈妈买，爸爸却不同意，结果没买成。这次，不会是三毛瞎说吧！

于是，他拉住三毛问：“你怎么知道这件事的？”

“我听爸爸说的，还说大砍刀是用上好的钢材造的呢。”

“爸爸怎么会告诉你呢？”二毛更怀疑了。

“爸妈俩人在房里说话时，我在屋外听见的。”

“是这么回事。”二毛挠挠头，心里有些痒痒的，“这么多刀，能不能叫爸爸也给我一把呢？”

想到这里，二毛按捺不住自己了，他要去找爸爸谈谈。

晚上，爸爸在灯下看书。

二毛进屋就问：“爸爸，听说你要送500把大刀给人家，是吗？”

爸爸抬起头问：“怎么啦？这件事同你有关系吗？”

二毛不好意思地说：“您能不能给我留一把大刀？”

“什么？给你留一把大刀！你要大刀干什么？”

“去年过年我要买一把，您不同意，现在爸爸有那么多送人，为什么不能给我留一把呢？”

“你想买的刀和这个刀是一回事吗？”爸爸笑了起来，“你想买的是玩具，这是真刀！”

“那我要买木刀，您为什么不给我？”

“那是爸爸担心你玩刀伤了别人家孩子。现在爸爸送人的是真刀，就更不能给你玩了。”爸爸进一步强调着。

“爸！我想要真刀，不是为了玩，是为了练功夫，长大了可以去打鬼子！”

“要打鬼子，不光要靠大刀，还要靠知识，你现在的任务是把书读好，将来才有本事打鬼子。”

二毛听了不作声了，他知道，爸爸不答应的事，求一百遍也是没用的，看来只能放弃这玩大刀的计划了。

爸爸看出了二毛失望的心情，就对二毛说：“你知道爸爸为什么要送大刀给前方的战士们吗？”

二毛摇摇头。

爸爸便告诉二毛：“去年春天，日本鬼子动用了5万多兵力，妄想攻占中国的重要城市徐州，第二集团军孙连仲将军奉命率领部队驻守台儿庄。日本鬼子利用装备上的优势，在飞机、坦克、重炮的火力掩护下，向台儿庄一次又一次进攻。”

见二毛听得入神，爸爸继续说：“战斗打得可激烈啦！孙将军亲自到前线指挥，要‘以一死报国家’，仗整整打了半个月，战士们很勇敢，但还是与敌军相持不下，因为中国军队的武器太落后了。日军白天疯狂进攻，中国军队拼死抵抗，到了夜里，他们就利用手中的大刀摸黑袭击敌人。”

二毛聚精会神地听着，问：“后来呢？”

爸爸说：“中国人没有飞机、坦克，只有大刀、手榴弹。孙将军的‘敢死队’队员们，用手中的大刀和手榴弹，用不怕死的精神，虽然最后打败了敌人，但是自己伤亡也很惨重。爸爸这次和朋友一起向孙将军的部队送500把大刀，就是帮助咱们自己的军队多杀敌人，早一天把鬼子消灭干净！”

二毛瞪大了眼睛问：“那我们为什么不造飞机、坦克呢？”

爸爸说：“造飞机、坦克需要技术，需要钱，这些中国现在都没有，日本鬼子才敢欺负咱们。你现在还小，所以，你需要的不是大刀，是认真学习，掌握本领，长大了才能为国家做贡献。”

这天晚上，二毛觉得自己好像一下长大了，明白了好多事情。

第三章 长大做个有用的人

1. 言传身教

在战乱的年代，伴随着逃难旅途的延伸，二毛和哥哥弟弟们逐渐成长了起来。

1939年春天，他们终于在大后方的重庆安了家。二毛和弟弟进了龙门浩中心小学读书。

但是，日军的轰炸机经常在山城的上空盘旋，有时一天要来很多次。学生们根本无法安心上课。

一天，刺耳的防空警报声又凄厉地响了起来，学生们纷纷跑出教室，躲进了防空洞。二毛却突发奇想——躲在防空洞里多没意思啊！为什么不趁这机会到江里去游泳呢？

爸爸袁兴烈到重庆以后，工作更忙了。他利用自己在铁路工作的便利，帮助抗日军队运送各种军需物资。他的工作单位离江边不算很远，那天空袭警报解除后，他恰巧站在楼上远眺着江边。

突然，他看见沿江边的水域里有两个黑点一前一后在游动，就随手拿起了身边的望远镜，没想到竟看到自己的二毛和四毛在江里游泳。爸爸立刻飞步跑到江边，把正在自由自在地游泳的两个孩子叫了回来。没过多久，警报声再次响起，日本鬼子的飞机又飞临重庆上空，重磅炸弹倾泻而下，爆炸声震耳欲聋，真是好险！爸爸生气地问二毛："为什么不好好上学念书，跑到江边玩水？"

二毛似乎没觉得自己理亏，他说："天上的飞机老来空袭，学校里没法上课，坐在那里读不进书，还不如到江边学游泳呢！"

爸爸不由提高了声调问："你自己不好好学习，还要带着弟弟一块去，当哥哥的就这样给弟弟做榜样的吗？"

二毛挨了爸爸的一顿好打。

父母曾给他们讲了多少先人们刻苦求学的故事啊！

他忘不了，妈妈讲过东晋时有个叫车胤的穷孩子，夜晚学习，家里买不起点灯的油，就捉来萤火虫，装在透光的纱布袋中，照明读书。他又想到这些年来爸爸妈妈的苦心，在躲避战火的逃难途中，每在一个地方做短期停留，都想尽办法为他们临时找一个学校。自己却辜负了他们的希望，还把弟弟一起带出去淘气。刚才那一幕，多险啊！

第二天早饭后，妈妈带着二毛穿过市内繁华的街道，来到一条肮脏拥挤的小街，这里聚集了许多乞丐、残疾人和耍猴卖艺的人，一个个衣衫褴褛，形容枯槁，伸着手不断地向路人作揖乞讨。一个衣不蔽体的老人匍匐在地，面前放着一个空罐，妈妈掏出几个铜钱放在罐内，眼里溢满同情的泪水。

妈妈告诉二毛："他们都是战争的受难者，家被毁了，亲人被炸死了，什么都没有了，他们需要大家去帮助呢！"

二毛看了看妈妈说："我们应该去帮助他们，是吗？"

妈妈疼爱地摸着二毛的头："是的，孩子，你现在还小，你可以去玩，也可以去学游泳，但是你的主要任务还是学习，只有掌握了知识，你才有力量去帮助那些需要你帮助的人！"

二毛紧蹙双眉，抿着嘴，沉思一下，仰起头，两眼闪闪地凝视着妈妈，认真地说："我记住了，妈妈，我一定会好好读书，长大做一个有用的人！"

2. 煤的能量

日本帝国主义的侵略给中国人民带来了深重的灾难，以至于孩子们的课堂里都放不下一张安稳的书桌。二毛的少年时代几乎全在战乱中度过。从上小学开始到高中，这期间跟随家人频繁搬迁，共转了7次学，读了8所学校。

1942年，二毛要上中学了，当时教学条件差，爸爸接连给他换了两所中学，最后将他送入了为躲避战火从武汉迁至重庆的汉口博学中学。博学中学是一所教会学校，抗战前是武汉声誉卓著的名校。由于二毛长大了，此时父母已在不知不觉中把“二毛”的小名换作“隆平”的学名了。

战时的博学中学，条件十分艰苦。孩子年纪小，妈妈有些不放心，特意到学校去看了一下，发现住校生住宿条件差。晚上看书只能点桐油灯，烟大熏人不说，光线还特别暗，加上食品供应紧张，学校里吃的是杂米饭。妈妈回家同爸爸商量，是否可以不让孩子住校？但是爸爸说服妈妈说：“应该让孩子到艰苦的环境中去过集体生活。”

隆平对爸爸妈妈的决定非常高兴。他到校后，对学校的简陋条件毫不在乎，尽管食堂伙食很差，他却一点不挑剔，偶尔和大家一起吃一次带荤腥的菜，跟过年似的高兴。

学校的管理很严格，每天早上6点起床，10分钟洗漱之后，在操场集合做早操。紧张而有规律的生活，使隆平从小养成了做事干净利落、遵守作息时间的好习惯。

“苦难是人生最好的老师。”动荡的年代，艰苦的岁月使隆平懂得了珍惜，学会了思考。尤其在中学时代，强烈的求知欲，使他如饥似渴地学习各种文化知识。

受母亲的影响，隆平尤其对英语有浓厚的兴趣。博学中学的多数课程以英语讲授，这为他日后走出国门出席各种国际会议并能熟练运用英语打下了深厚的功底。

对隆平来说，他学习的最大诀窍就是充分理解和消化学到的知识。许多同学在学习时靠死记硬背，很多公式定理，过不多久就忘记了，但是他却总是开动脑筋，思考这些公式的来龙去脉，遇到不容易理解的问题敢于问老师，这样就加深了印象，不会轻易忘记了。

有一次上物理课，老师介绍了爱因斯坦在1905年从狭义相对论中推导出的著名公式：$E=mc^2$。然后，老师对同学们解释说：“从这个公式中大家可以看到，E代表着能量，m代表质量，c代表光速，在很小的质量中蕴藏着极大的能量。因此我们可以说：质量是能量的一种极其浓缩的形式。”

隆平曾从书本中读到了爱因斯坦的许多故事，非常崇拜这位伟大的科学家，崇拜他不同寻常的思想方法和勇于创新的胆略。他觉得“质量中蕴藏着极大的能量”这一点可以理解，但是难以理解的是，为什么能量会和质量乘以光速的平方成正比？

老师对于这个爱钻研的学生，没有正面回答，或许这个问题太专业了，无法用简单的话解释清楚，但是老师给他做了一个很形象的比喻：

假设我们用一公斤的煤来烧80公斤0摄氏度的水。经过充分燃烧，这块煤把水温提高到了沸点——100摄氏度，我们得出这块煤大约放出了8000千卡的热量。但是按照爱因斯坦的这个公式，这一公斤煤的能量如果能全部得到释放，竟然可以达到21,600,000,000,000千卡这样一个天文数字，也就是说这些能量，足够保证一个城市几年的电力供应了。

老师的解释使隆平感到物理真是太神奇了，竟然能够推断出如此不可思议的结论，但是老师后面的一句话给他留下了永远难忘的印象：“究竟怎样才能将这块煤的能量全部释放出来，还要看今后科学技术的发展。”

袁隆平想：如果一块小小的煤经过科技手段真能够释放出如此巨大的能量，那么一个掌握了科学技术的人的能量，应该比这块煤的能量要远远大得多啊。

$E=mc^2$
E代表能量
m代表质量
c代表光速

3. 游泳冠军

1945年，抗日战争终于取得了胜利。

战争结束了，二毛就学的博学中学搬迁回汉口，袁隆平全家也从重庆回到了汉口。

袁隆平成为汉口博学中学高中一年级的学生了。在大家的眼中，他不仅是一名品学兼优的好学生，而且是学校各项课外活动的积极参与者。尤其是游泳，他不仅在游泳池里游，还经常到长江中游泳。

袁隆平为什么对游泳这样情有独钟呢？

这还得从他们全家从汉口坐船到桃源的时候说起。那天，二毛正站在船头，全神贯注地看着船夫伯伯划船，四毛在一边问哥哥：“船为什么要划才能动呀？”二毛没顾上回答他，四毛生气了，猛地推了他一把，完全没防备的二毛一下从船上掉入激流滚滚的江里，幸好被船夫伯伯及时救起。那次，二毛呛了不少水，如果不是船夫伯伯相救，恐怕就没有后来的袁隆平了。

从此他下决心一定要学会游泳，也要像船夫伯伯一样能救人。

好在隆平的家几经搬迁的地方都靠着江边，一开始他自己偷着游泳，学会了狗扒式，后来跟着爸爸游，学会了蛙泳。不久，他看到有的同学自由泳游得很快，像条鱼似的自如，两手轮番划水，双腿交叉击水，姿势也好看，他就想，要能救人，就要游得快，他便开始模仿自由泳的动作，但是没有掌握要领，尤其是手和脚的配合，怎么也协调不起来。于是便去向体育老师请教。

老师耐心地告诉他技术要领，让他在岸上先练习分解动作，然后才到水中去实践。经过刻苦练习，他终于掌握了自由泳。由此他发现，学任何东西都必须讲究方法，否则既费劲又达不到好的效果。

为了迎接湖北省全省游泳比赛，武汉市将要举行选拔赛。那年，袁隆平刚好17岁，按年龄他已有资格参赛，但是学校的体育老师看他个子太矮小，没有推荐他，他连比赛的观摩券也没有得到。袁隆平觉得很失落。被推荐去参加比赛的一位同学帮他出了个主意：比赛那天，让袁隆平也穿上同样的运动服，坐在他的自行车后架上，一起进赛场。

“混进”赛场后，袁隆平人坐在看台上，心却一直跃跃欲试，一心想进入泳道参加一下比赛。由于是选拔赛，赛场规则不十分严格，当广播里传来即将开始100米自由泳决赛时，袁隆平看到有一个赛道还空着一个位子，便毅然找到带队的体育老师："让我试试吧！" 老师终于被袁隆平的执着感动了："行啊，既然来了，就游吧。"

当发令枪响起，袁隆平一个鱼跃跳起，钻入水道。这时他只有一个信念，一定要发挥自己的最好水平。他那近乎专业的泳姿，漂亮的划水、击水动作，立刻吸引了全场观众的视线。当一个泳道到头，只见他一个前滚翻、蹬腿，迅速侧转身往回游时，已经领先于其他选手。随着场内观众的高声喝彩，袁隆平第一个到达终点。

然而，当裁判计分时才发现，这个参赛者竟然"榜上无名"。在评奖的时候，关于该不该给这个没有参赛资格的高中生以名次时，裁判组发生了激烈的争论，体育老师此时坚持为自己的学生陈述理由。最后大家统一了认识：为了能在省运动会上更具有竞争力，这个冠军应该给袁隆平。

第四章 风华正茂

1. 同桌的你

在重庆和汉口的博学中学，是袁隆平在学习生涯中度过的历时最长的一个学校。

由于频繁地搬家，袁隆平不得不经常转学。但是他直率爽朗，很快能和新同学相处融洽。与袁隆平同桌的是一个活泼开朗、性格温和的男孩，名叫林华宝。袁隆平比林华宝大一岁，他们俩有一个共同的爱好，就是文艺：袁隆平喜欢唱歌、听音乐，林华宝也喜欢唱歌，还会打竹板、说快板书。因此，每当班上搞文艺演出或娱乐活动，总能看到他们上台表演。

但是，他俩在学习上的爱好却不太一样，袁隆平偏重文科，林华宝偏重理科。袁隆平喜欢英语、地理、化学，唯独不喜欢数学，而数学恰好是林华宝的强项。因此，袁隆平在解数学难题时，就会向同桌请教。

有一次，袁隆平又有数学问题要问林华宝，林华宝很有耐心地告诉他解题关键后，有点大惑不解地问："你其他课程都学得不错，怎么唯独对数学没一点兴趣呢？"

袁隆平爽快地说："我在重庆上初中一年级的时候，曾经问老师一个数学问题，结果老师没能回答，从此我就不喜欢数学了。"

初一在学"有理数"时，数学老师在课堂上讲乘法的运算法则，强调有这么一条规则：正数乘以正数等于正数，负数乘以负数也等于正数。

袁隆平听了以后心想：正正得正，这个理所当然，但是负负为什么也要得正呢？他觉得这一点没有道理，于是就举手问老师。

老师没想到有学生提这样一个问题，对于运算规则一般很少有人会提出疑义，但是这条看似简单的规则，要将它解释清楚确实有一定难度。于是，老师就说："这是一条规则，既然是规则，你们只要记住就行了，运算时就照这个公式去套。”

听了老师的回答，袁隆平觉得很不满意。后来在做几何题时，袁隆平又遇到类似运算法则的问题问老师，老师还是只要求死记硬背。于是，袁隆平感到学数学很没意思，因为数学很不讲道理。

林华宝听了袁隆平的叙述，笑着说：“为了重新唤起你对数学的热情，我提议，从今天起，我帮助你学数学，但是作为交换，你必须教会我游泳，怎么样？”

原来，袁隆平获得武汉市游泳选拔赛第一名后，接着获得了湖北省男子自由泳第二名，并且实现了以自己的游泳本领去救人的愿望，好几次在紧急关头营救落水者，这下可在学校里出了名，校园里甚至还由此掀起了一场游泳热。林华宝也很想学会游泳。袁隆平对同桌提出这么一个容易做到的要求，毫不迟疑地一口答应了。

从此，俩人互帮互学，经常在一起探讨数学难题，一起游泳切磋技艺。此后，林华宝的游泳水平大有长进，考进清华大学后，还担任过游泳场地的救生员。但袁隆平却没在数学方面下太大功夫，他还是执着地学自己感兴趣的东西，始终没弄清楚为什么会“负负得正”的问题。

这一对同桌，此后一个成了负责我国卫星发射上天的航

天工程专家，中国成功发射和回收30多颗返回式卫星，每一颗卫星都经过他缜密精确的计算，他负责研制成功我国第一个卫星回收着陆系统，使中国成为世界上第三个掌握卫星回收技术的国家，为中国返回式卫星安全着陆、为中国实现探月旅行开辟了坦途；另一个则成了负责我国粮食安全、确保增产增收的杂交水稻专家，他培育的杂交水稻种植面积每年达到2亿亩，年增产稻谷达300亿公斤，可多养活7000万人口。

他们俩同为中国工程院院士，一个管天上的卫星，一个管地上的水稻，一个成了伟大的航天科学家，一个成了伟大的农业科学家，同时铸就了自己辉煌的人生。

2. 跃入“农门”

1948年初，上高二的袁隆平因父亲工作调动，随全家从汉口来到长江沿岸的又一个城市——南京。

他转学来到南京中央大学附中（今南京师范大学附中）。第二年，中国人民解放军百万雄师浩浩荡荡渡过长江，把红旗插上了南京城内的蒋介石总统府。

就在南京城和全中国发生翻天覆地变化的同时，袁隆平也走到了人生的一个十字路口，这一年他高中毕业，考什么大学将成为他人生关键性几步中的重要一步。

毕业于名校的父亲，希望儿子也能像自己一样考进名牌大学，有个好的专业，毕业后有一份体面的工作。

但是此刻，袁隆平的思绪却回到了童年那个总也挥之不去的园艺场，儿时见到的一切，就像天边那一抹璀璨的朝霞，在昭示着他；他想起了妈妈带他看到的那些形容枯槁的乞丐和卖艺老人，他们仿佛向他伸出了手……他还想到留驻着他少年时代各种记忆和憧憬的雾蒙蒙的山城，酷爱花卉的母亲一次次从朝天门码头和花卉市场买来各色鲜花，装点温馨的小家；他曾经一次次在波涛起伏的嘉陵江上，满怀昂扬的意气搏风击浪……是的，生活了8年的重庆，在他的记忆中，已成了他的第二个故乡，那么清晰，那么美好……

这天晚上，爸爸妈妈都放下了手中的事情，找来了儿子："对升学问题，你有什么考虑，说出来让爸爸妈妈听听。"

"爸爸妈妈，我总也忘不了童年时参观过的那个园艺场，我曾经说过长大想当农民。我想学农！学农还有个好处，它的数学少，你们知道，我一直不喜欢数学。"袁隆平诚实地向父母剖白道。

"孩子，学农是很辛苦的！"母亲疼爱地注视着儿子。

"我不怕苦，妈妈，您和爸爸平常不总是教导我们，一定要做自己有兴趣的事，这样才能做好，也才能有所成就，我想，学农就是我这辈子最有兴趣做的事。”

“农学就像一所紧闭的艰深的大门，打开这所大门，伴随着你的将是风里雨里、水里泥里，这是一条十分艰难困苦的险途啊！这一切，你都准备好了吗？”父亲以犀利的话语提醒着儿子。

“我都准备好了！”就像有足够的信心去推开那扇门，袁隆平庄重地答道。

父亲继续问道：“那你准备报考哪所学校呢？”

“我想报考重庆的相辉学院农艺系。”袁隆平胸有成竹。

“那倒是一所重点大学，抗战时期，上海的复旦大学就曾迁校到那里。”

袁隆平笑了，他知道，看来父母已经同意了他的选择。

“既然你已选定了人生的志向，我们尊重你自己的选择！”父亲慨然表态。

母亲也朝隆平赞许地点了点头。

开明的父母在面对孩子升学的事情上，已经预先统一了看法：他们只提建议，相信并尊重孩子自己的选择。

3. 相辉学院

相辉学院坐落于嘉陵江畔的北碚夏坝，那是一个距重庆

50多公里的郊县。1937年日军进攻上海时，上海的复旦大学校舍多处被炸，为了不使广大学生中断学业，复旦大学决定搬迁学校到重庆。抗战胜利后，又于1946年迁回上海。留在重庆的校友就在夏坝创办了“相辉学院”，从当时马相伯和李登辉两任复旦校长的名字中各取一字来命名。

1949年8月，家在重庆的袁隆平和来自北平、天津、广州等全国各地，包括香港的莘莘学子聚集在了一起，在迎接新同学的开学典礼上，校长发表了语重心长的致辞：

“同学们，正如大家所知道的，我们学校有着光荣的历史，抗战时期，相辉学院的前身、复旦大学师生们辗转5000里至重庆北碚夏坝，在艰苦的条件下坚持办学，积极开展爱国救亡运动，书写了光辉的一页。”

……

“我们的学长们在抗战中的这一壮举，不仅为国家保存了读书的种子，更重要的是保存了中国读书人的精神！”

……

“同学们，你们将要在这个学校度过四年的学习时光，希望你们珍惜光阴，继续弘扬复旦创始者标举的‘牺牲小我，成全大我’的校风，传承千百年来中国知识分子负重致远的精神，去完成你们的学业！”

对校长的讲话，全校师生报以了热烈的掌声……

袁隆平学的是遗传育种专业。教遗传学的老师中，有一位管相桓教授。他的名字挺有意思，含着春秋时期著名政治家管仲辅佐齐桓公的历史故事。管老师崇尚孟德尔-摩尔根遗传学，认为当时流行的米丘林-李森科学说不能揭示植物遗传的真正规律。即使遭受批判，他也没有放弃自己的观点。

管老师坚持真理的勇气感染着袁隆平。他利用大量课余时间，阅读多种中外文农业科技杂志，开阔视野。在广泛的阅读中，他了解了孟德尔、摩尔根的遗传学观点，并与其他学术观点进行比较。后来，他开始自学孟德尔-摩尔根遗传学，每次去请教管老师，管老师都认真细致地讲解，令他心悦诚服。在日复一日漫长的探索中，管老师就像一盏明灯，为他照亮了正确的农业科研之路，又像温和的春雨，滋润着他求知若渴的心田。遇到像管老师这样的科学引路人，袁隆平一辈子都深怀感激！

在大学里，除了学习，袁隆平最喜欢游泳了。校园挨着秀丽的嘉陵江，那简直就是天然的大浴场。

由于袁隆平泳技全校有名，他就教同学们游泳，他们沿着江边的石阶一溜下到江里，宛若一条条快乐的鱼儿。有时为了到对岸去看电影，他就将衣服顶在头上，游过去再穿，

国立復旦大学

这样就省下了乘渡船的几分钱。那时候，三分钱可以买一个鸡蛋呢。

大学的宿舍是平房，一排排与嘉陵江垂直，每排10间，每间住6 ~ 8个学生。住在路边第一间的同学会说，从窗口看到远处一个三角形上身的人摇摇摆摆走过来，那就是袁隆平。因为经常游泳，他肌肉发达，肩宽腰细，上身呈倒三角形，非常健美。

袁隆平终生酷爱游泳，到了七八十岁，还在大海里劈波斩浪，连年轻人都游不过他呢。

第五章 青春无悔

1. 欢庆解放

1949年11月30日，山城重庆解放了！刚进入相辉学院才3个多月的袁隆平又和祖国一起，经历了一场天翻地覆的变化。校园里挂满了醒目的大红标语，广播里播放着欢庆胜利的歌曲，人们的脸上都洋溢着喜悦。一个假日，袁隆平放下课本，约了班上从印度尼西亚来的、被叫作“小提琴”的同学，专程从北碚坐船来到了重庆市内。

朝天门码头上，人来人往，袁隆平与“小提琴”一起兴致勃勃地登上了高高的码头台阶。望着碧绿的嘉陵江水汇入浩浩长江，袁隆平又一次被深深地感动了。尽管对这码头他太熟悉了，每一处都留下了他儿时的记忆。但是，今天，他是作为一个新中国的大学生，站在这块刚经历了血与火的洗礼，即将跨入新时代的“古渝雄关”上，他感到心头涌起了一种从未有过的激情……

穿过熙攘的人流，袁隆平带着同学来到了重庆市内最繁华的街区，映入眼帘的是一个多边形的柱体建筑，碑体上刻写有“抗战胜利纪功碑”几个字（1950年由刘伯承元帅改题为：重庆人民解放纪念碑）。袁隆平正想向同学介绍纪念碑的来历，这时，一支由重庆市民组织起来的欢庆游行队伍浩浩荡荡地迎面开来了。

穿红着绿的秧歌队边舞边唱着：“唆啦唆啦哆啦哆，唆哆啦唆咪嘞咪……”工人打扮的锣鼓队，身佩大红绸缎，敲着几个人才能抬动的大鼓：“咚咚锵，咚咚锵……”穿制服的仪仗队员们敲着西洋鼓，吹着硕大的绕脖子洋号，在举着指挥棒的领队的带领下，有节奏地行进着。伴随着喧腾的号声、掌声和笑声，围观的人群越来越多，很快整条街变得水泄不通……

袁隆平和“小提琴”好不容易才挤出人群。在返校的途中，他们的思绪仍沉浸在刚目睹的那场壮观的气势中，半晌，俩人都沉默不语。袁隆平突然提议：“我想，为了欢庆解放，我们俩排练一首新的小提琴曲，你看怎么样？”

袁隆平来到相辉学院不久，便认识了这位善拉小提琴的华侨同窗。爱好音乐的他马上省下零用钱，买了一把小提琴，“拜师学艺”。“小提琴”同学在执教时也发现了这位“学徒”的音乐天赋，俩人便成了好朋友，课余总在一起切磋琴艺。

“这个主意不错！”“小提琴”高兴地赞同，“可是，我们排练什么曲子呢？”

“我想，就排练学校吴老师新近创作的《光明颂》，你看怎么样？”

为表达全院师生迎接解放的喜悦之情，擅长音乐的吴老师创作的《光明颂》已在校园中不胫而走。

“好，就这么定了！”

1950年的新春伴随着漫天的瑞雪来到了。学院礼堂里，张灯结彩，一场欢庆祖国解放的文艺晚会在这里拉开了序幕。

加入了学校合唱队、外号“大贝斯”的袁隆平和老师同学们一起引吭高歌，衷心歌唱着人民的新生，接着各班同学表演了精彩纷呈的独唱、舞蹈和朗诵，他和“小提琴”同学合演的《光明颂》，也获得了很大的成功！

深情舒缓的旋律和音符，把人们带入了漫漫的峥嵘岁月，也让每一个人把光明的祖国从此写入了自己的心中……

2. 报名参军

1950年11月，相辉学院的农艺系与其他院校的农业科系并为西南农学院。学校的生活丰富多彩。袁隆平除了业余拉小提琴，每天最喜欢的就是在课后跑到学校操场的看台上，一边看书一边眺望着浩荡的嘉陵江，无忧无虑地享受着阅读给他带来的快乐。每到傍晚，就和同学们一起下到嘉陵江中去游泳，尽情地去舒展双臂，搏击滔滔的江水。

1951年春天的一个下午，袁隆平像平时一样，正在江边做下水前的热身动作，突然听到远远有人叫他："袁隆平！"

只穿着一条裤头的袁隆平扭头一看，是同宿舍的同学，便问道："什么事？"

同学向他边招手边说："快把衣服穿上，班主任找你。"

"是吗？"袁隆平赶紧随着同学到了老师的办公室。

"袁隆平，最近学校正在组织一支运动队，去成都参加西南地区第一届运动会，想让你参加游泳比赛，你有没有信心？"老师问。

"没问题，老师，我在中学的时候还得过湖北省的自由泳第二名呢！"袁隆平自信地笑着回答。

在“屡经征战”的袁隆平的记忆中，西南地区第一届运动会，是他参赛中规模最大的一次赛事，尤其让他没想到，那天西南军区贺龙司令员也参加了运动会。袁隆平第一次近距离地看见了这位传奇的人民解放军高级将领。贺龙司令员在运动会开幕式上说：“美帝国主义在朝鲜用飞机大炮屠杀无辜的人民，我们中国人民志愿军正在同敌人进行英勇顽强的斗争，今天我们组织这个运动会就是要用我们的实际行动赛出我们的志气、勇气和成绩来，支援我们的志愿军勇士们！”

由于赛前吃多了成都小吃，吃坏了肚子，影响了发挥，袁隆平没有像以往那样，名列一二，而只获得第四名。他感到很难过，但是，老师和同学们对他获得的名次给予了充分的肯定，甚至称赞他是西南农学院的“体育明星”。

转眼到了这年夏季。自1950年以来，为了抗美援朝、保家卫国，跨过鸭绿江的中国人民志愿军，与朝鲜人民军一起，在朝鲜战场上同美帝国主义进行了殊死较量。美国的侵略行径激起了中国人民极大的愤慨，全国人民纷纷组织起来，捐款捐物，甚至捐献飞机大炮。

那天，袁隆平正和同学们讨论如何为志愿军战士们做一些有意义的事。一位同学气喘吁吁地跑进来说：“同学们！你

们快到校门口去看看，那儿的告示栏里贴了一张大海报：志愿军要招募空军飞行员啦！”

袁隆平回想起，自小为了躲避日寇的空袭跟着父母到处逃难，一路上看见多少同胞被炸得流离失所，家破人亡；现在美帝国主义又在挑起战争，自己已是一名新中国的青年，责无旁贷。当一名人民空军，自己身体条件好，有优势。于是，他当即写下申请：“坚决要求参军，支援前线！”

学校的红榜终于公布了，经过政审、体检等关口，全校有8人通过，袁隆平就是其中一员。正当袁隆平和大家一起焦急地等待出征时，上级部门来了一道指示：由于国家需要更多的大学生参加经济建设，因此这次征兵的名额，不考虑在校大学生。

当一名飞行员的希望落空了，很多同学感觉非常失落，在班主任老师的开导下，大家的心绪才慢慢平静下来：刚解放的祖国，经济建设百废待兴，更需要大学生们成为国家的栋梁之材。

那天，天边燃烧着火红的云霞，袁隆平又像往日一样来到了嘉陵江边，纵身跳入水中。他已经想通了：不能上天为国效劳，就立足于大地，为祖国的农业科学出力！

3. 毕业选择

1953年的夏季到来了。

学校召开了毕业分配动员大会，要求同学们积极响应号召，到农村去，到边疆去，到祖国最需要的地方去。

24岁的袁隆平面临两种选择：到农村搞农业科技教学与推广，或是留在城里从事农业科学研究。

年级老师问同学们："你们过去到过农村没有？"

大家纷纷摇着头："没有，去年我们到四川大足县参加土改运动，那是第一次。"

"你们的感觉怎样呢？"老师笑着问。

袁隆平回答道："参加那次土改，给了我很大的振动。过去农民一直处于社会最底层，短短几个月的运动，农民们的精神面貌发生了很大的变化，分到了土地的农民，开始对生产投入了很大的热情。"

老师连连点头："你的认识是对的。中国农民在几千年封建统治的剥削和压榨下，没有土地和生产资料，也没有科学技术，他们用原始的耕种方式从事农业生产，生产积极性受到了很大的限制。今天，尽管农民分到了土地，有了农耕的最基本的条件，也有了生产的热情，但是，这并不能保证他们会有好的收成，他们还需要有技术，需要有人去告诉他们科学的种田方法。”

同学小王问道：“老师，看来我们学农的只能到农村去了？”

老师用和蔼的目光扫视着同学们：“城里也有农业科研机构，但那只是一部分人从事研究的地方。城里长不出庄稼，中国是一个农业大国，农业第一线更需要大量的农业科技人员……”

当天晚上，袁隆平失眠了。大学4年的生活像放电影一样一幕幕在他眼前闪过：

伴随着山城的解放，他所在的相辉学院农艺系和四川省内其他院校的农业科系，合并成西南农学院，后又合并了四川、云南、贵州多所高校中的农学系科。

4年来，在这所全国著名的高等农业大学里，他像一条刚从卵中孵化出来的蚕，在老师的引领下，不知疲倦地咀嚼着书本上的知识。

米丘林、李森科、摩尔根、孟德尔等大师们一本本经典的书带给了他无限丰富的想象，它们都有待他到农业实践中去印证。

是的，选择了学农，就是选择了土地，选择了农民，就应该像庄稼离不开土地一样依恋着它，应该到第一线去为农民服务……

袁隆平觉得眼前一亮：“对！就像自己当初毫不犹豫选择学农一样，今天，应该继续勇敢地迈出第二步去，用行动报效祖国和人民！”

那天，袁隆平在自己的笔记本上写下了这样一句话：“一个为心中最美好的理想不懈追求的人，是最坦荡无忧的人。”

学校的海报墙上，贴出了许多坚决服从组织分配、到祖国最需要的地方去的毕业生名单。袁隆平和全体整装待发的同学们一起，高唱着那首脍炙人口的《毕业歌》，向美丽的山城、向亲爱的母校告别：

同学们，大家起来，担负起天下的兴亡；

……

我们今天是桃李芬芳，明天是社会的栋梁……

第六章 安江农校

1. 沅水河畔

1953年8月，袁隆平背着简单的行装，告别母校和同窗学友，登上开往武汉的江轮，然后坐火车抵达长沙，来到湖南省农业厅报到。又从长沙坐汽车辗转数县，前后历时20多天，行程两千余里，才到了地处云贵高原东缘的雪峰山下、沅水河畔的湘西偏僻的黔阳县。

从小在父母的熏陶下，谙熟唐诗宋词的袁隆平，知道唐代有“诗家天子”之誉的王昌龄，曾在天宝初年被贬于此地，黔阳古时被称为龙标，诗人就在黔阳的芙蓉楼写下了著名的《芙蓉楼送辛渐》一诗，留下了“洛阳亲友如相问，一片冰心在玉壶”的千古佳句。

而20世纪中期的今天，他肩负祖国和人民的重托，来到了这个有着两千多年历史的古城，将要在这里写下人生的新篇章。

坐落于黔阳县圣觉寺里的安江农校张开双臂迎接远道而来的游子。

一位农校领导紧紧握住了他的手，连声地说：“欢迎！欢迎你啊，袁老师！我们这个中专学校急需像你这样从大城市重点学校来的毕业生。”接着，他详细地向袁隆平介绍了安江农校的情况，并征求他的想法，“袁老师，你知道，我们国家面临着严峻的国际形势，帝国主义反动势力企图围困我们。1950年我们和苏联签订了条约，缔结了两国的友好。我们安江农校当然也要跟上形势发展的需要，加强与邻邦老大哥的交流，”他稍停了停，注视着袁隆平，“学校师资力量不足，我们想请你在教遗传育种等专业课外，同时开设一门俄语课，你看可以吗？”听着校领导语重心长的托付，袁隆平爽朗地回答道：“没问题，我可以胜任。”

安江农校由古老的圣觉寺改建。学校最初安排给他的住房可能是一位小和尚住过的老屋，经年累月，土墙已经有点

安江农业学校

斑驳脱落了。他环顾四周，感觉一切是那么新鲜。放眼望去，只见校园古树参天，群山环绕，一条清澈见底的沅水沿着校园背后缓缓穿过。他知道，它将一直汇入长江，把远在重庆的父母和现在脚踏湘楚大地的他连在了一起。望着滚滚东去的沅水，袁隆平油然想起了抗战那年，和全家人从武汉逃难到岳阳，在洞庭湖口上，父亲向他们讲述范仲淹的《岳阳楼记》。此刻，他不禁轻声地吟咏出了这段千古名句：

“……不以物喜，不以己悲。居庙堂之高，则忧其民；处江湖之远，则忧其君；是进亦忧，退亦忧。然则何时而乐耶？其必曰‘先天下之忧而忧，后天下之乐而乐’……”

2. 《喀秋莎》

新学期的第一天，袁老师走进了课堂，开始了他的俄语教学生涯。

他亲切地告诉同学们：“知识是一切美德的大门，只有知识才能开启我们理想和事业的大门。而外语是一门很好的武器，我们掌握了它，就等于找到了我们打开知识大门的又一把钥匙，它将会带着我们去探寻无穷的奥秘。”

在讲解俄语的基本常识后，他开始一遍遍地教同学们朗读正确的发音，在黑板上一笔一画写下俄语字母，并把自己小时候从母亲那儿学习英文和在大学里学习俄语的体会很生动地告诉大家。

课堂的气氛变得活跃了，一位长得黑瘦的男同学举手问道："袁老师，学习外语，有什么窍门吗？"

"你问得很好，我们做任何事情都有窍门，学外语也一样。俗话说熟能生巧，学外语更需要我们反复地记忆，读写听说，利用一切形式去背诵它，理解它，只要功夫到了，一旦入了门，诀窍自然就有了。"

"袁老师，学外语除了死记硬背，还有些什么形式呢？"一位辫子长长的女同学站起来问道。

"形式很多啊，比如朗诵外语诗歌、学唱外语歌曲等，只要你有了学习的兴趣，就会钻进去，学得生动活泼！"

"袁老师，那您给我们唱一首俄语歌曲吧！"又是那个黑瘦的男学生提议道。

"对，袁老师，唱一个，唱一个吧！"同学们禁不住鼓起掌来。

"好的，同学们！"袁隆平微笑着扫了一眼全班同学，"大家知不知道一首叫《喀秋莎》的苏联歌曲？在苏联卫国战争时期，这首歌，对于那场战争，曾起到了令人难以想象的作用。"

接着，袁老师给大家讲了那个感人的故事：

“1941年6月，苏德战争爆发，德军分三路进攻苏联，不到一个月就突破苏军防线，直逼莫斯科。”

“7月中旬的一天，新编的苏联红军近卫军第三师从莫斯科开赴前线。在送他们出征的时候，莫斯科工业学校的一群女学生唱起了这首歌，为年轻的战士们送行……歌声中，全师官兵向唱歌的姑娘们行了庄严的军礼，他们含着热泪，伴着歌声冲向前线。几天后，在悲壮惨烈的第聂伯河阻击战役中，面对号称‘飞毛腿’的德国最精锐的古德里安装甲部队，这个师的官兵舍生忘死，奋勇杀敌，最后几乎全军覆没，但他们为苏联红军组建保卫莫斯科的最后防线赢得了战机……”

教室里一片肃静，同学们都像被袁老师带到了那个异国战火燃烧的土地上。

“这首歌曲以一位能歌善舞的苏联姑娘的名字命名，以后又被用来给苏联红军的火箭炮命名。战后，苏联政府为纪念《喀秋莎》这首歌在战争中建立的功勋，专为它建立了一座纪念馆。这在全世界的战争和音乐史上，都是没有过的。”

“这首歌从莫斯科传开去，传到了世界许多国家，也传到了我们中国。”

少顷，袁老师开始用纯正的俄语唱道：

正当梨花开遍了天涯，
河上飘着柔曼的轻纱。
喀秋莎站在峻峭的岸上，
歌声好像明媚的春光……

在袁老师激情的歌声中，全班同学都认识了这位充满才气和文艺细胞的年轻老师，都在心中暗暗下了学好外语的决心。

3. 美丽的田野

袁隆平来到安江农校的第二年，除了继续教学生俄语课外，又开始教普通植物学和遗传育种学等课程。

这是他在西南农学院学习的专业，但是他深知自己许多从课本上得来的知识，只有经过反复实践，才能理解透彻，也才能更好地讲授。

上“植物开花结果”这一课了。袁老师告诉同学们：“在植物的生长中，开花是一个很关键的环节，说明它已到了繁殖阶段。”为了解决植物是否受精的疑点，在上这节课前，袁隆平先来到学校的试验田，为玉米的雌花做套袋隔离实验，结果证实雌花因无法得到雄花的花粉而无法受精，不能结果。课堂上，他把这个实验过程告诉学生们，并一再强调：“同学们，除了掌握必要的专业知识，一定要注重实践，如古人所说‘学而不化，非学也’，纸上得来的知识终是浅的，重要的是实践。”

作为农业基础课的“普通植物学”，是研究各类植物的形态结构、生长发育，以及植物和外界环境之间关系的一门科学。针对同学们在课内外提出的问题，袁隆平废寝忘食，翻阅了大量的资料，一遍遍地做实验，以求深入浅出地向同学们讲解。

又是一个午夜两点时分，袁隆平熄灯走出了学校实验室，校园已沉浸在静谧的夜色里，他抬头看着漫天的星斗，舒心地笑了。因为在不短的时间里，他通过了近千次给植物做徒手切片、临时装片、涂片，已经在显微镜下观察到了满意的结果。想到明天上课时，就能给几位对这一问题提出质疑的学生们以明确的答复，作为一个老师，还有什么比这更高兴的呢？

春天到了，布谷鸟声声，田野里飘散着油菜花香，湘西土家族的农民们赶着水牛、扛着犁钯、担着秧苗从四面八方赶来了。袁老师带领学生也来到田间，和农民一起春播。在田埂边，袁老师首先卷起裤腿，下到田里，他躬身弯腰，把一株株禾苗均匀整齐地插入田里。农民们看着这位从大城市来的老师，黝黑的脸庞，和蔼的模样，熟练的把式，就和他们一个样，感到分外亲切。

一位城里来的女学生在田里忽然惊叫起来，原来她的腿上沾上了一条小手指般粗的蚂蟥，周围的一些同学见了她那惊吓的样子都笑了起来。

袁老师见状也笑了起来，他对大家说："你们不要笑话她，我第一次见到蚂蟥的时候，也吓了一跳。"他又转身对那位女同学说："没关系，见惯了就好了，你千万不要用手去拽它，你越拽，它越叮得牢，你只要在腿周围轻轻一拍，它就下来了。"

按袁老师教的方法，蚂蟥果然从女同学的腿上掉了下来，在同学们的眼里，这位只比他们年长几岁却那样善解人意的袁老师，就像他们的一个大哥哥。

正晌午了，农民们热情地招呼："袁老师，休息一下，喝口水、抽支烟吧！"于是，在稻田旁的树荫下，袁老师和农民们天南海北地唠起了家常。

当夕阳在天边渐渐褪去最后一抹红色，袁老师带着学生们，和农民一起收工了。归途中，袁老师和学生们一路走，

一路唱起了当地的土家族山歌，那自由洒脱的旋律，悠扬绵长的歌声，把一天干活的疲累都驱散了……

深夜的灯光下，袁隆平在教学笔记中写下了这样一段话："在大学阶段，自己真是做梦都没有想到会当一名教师，但这是一项崇高的事业。在教学过程中，能积累较多的生物学知识和农业生产实践经验，这将为以后的作物育种科研打下基础。这是一片美丽的田野，在这里只要你播下辛勤的种子，就一定会有丰饶的收获……"

第七章 要学女娲补天

1. 向饥饿宣战

20世纪50年代后期至60年代初，袁隆平所在的安江农校也和全国一样，赶上了声势浩大的“大跃进”运动。由于“大炼钢铁”给农业带来了大幅度减产，各处都传来了闹饥荒的消息，一向活跃的袁隆平沉默了，脸上失去了素有的笑容，他拉的小提琴也流出了忧郁的旋律。

“袁隆平，你在这儿干吗？让我好找！”找来的是同事曹老师。由于身材微胖，同事给他起了一个“曹胖公”的外号，他是袁隆平的好朋友。

“走，到我家去，今天你嫂子做了艾叶米粑，一起去吃一点吧。”

原来，曹老师的妻子今天在野地里割了一篮艾蒿，倒在锅里焯熟取汁，拌上米粉捏成团，放进蒸笼里一蒸，就成了这荒年的美食。

“我吃不下啊，曹胖公，你看附近的农村，没粮的农户越来越多……我们作为搞农业科技的人有责任啊！”袁隆平一脸的沉重。

“可是，我们这些平头百姓又能有什么办法呢？”曹老师叹了一口气。

“你不要笑话我，我想起了一则神话，说是女娲见天空裂了一个窟窿，洪水从天而降，冲倒民房，吞噬生灵，就捡五色石炼成凝胶，用于补天，终于给子孙带来了福音……”

“我知道你的意思，你觉得我们学农的也应该有女娲补天的精神，救万民于饥饿中。可是，这几年老天不帮忙，我们现在连自己也在挨饿啊！”曹老师打断了袁隆平的话。

“但是我们光靠天吃饭是靠不住的，我们只有靠科学的力量来提高粮食产量。”袁隆平沉思的目光直视着曹老师。

“隆平，我真佩服你有这份忧国忧民的心，你是说，我们来搞粮食增产试验？”曹老师信心不足地问了一句。

“是啊，我在稻田里发现了一株特异稻种，植株高大，颗粒饱满，犹如鹤立鸡群。我做好标记，想试验一下！”

“哎，你总是好突发奇想，今天中午，在食堂吃的稀饭都能照见人影，我早饿了，还是让我们先填饱肚子，再来讨论拯救人类的问题，怎么样？”说着，曹老师硬把心不在焉的袁隆平拉到了自己的家。

曹老师的妻子见老朋友来家，热情地端出了艾叶米粑，又用三只粗瓷大碗，盛满白开水。袁隆平端起了碗，郑重地建议：“为人类早日解除饥荒，干杯！”

2. 一堂遗传育种学课

眨眼一年过去了。1961年清明时节，和煦的阳光照着翠绿的山野，沅水绿里泛蓝，汩汩流淌，一株株古树伸展出了一簇簇鹅黄的新叶。

在农学专业60（一）班的教室里，袁隆平老师正在给同学们上课。这堂课的内容是“无性杂交的遗传学意义”。袁老师在黑板上书写道：一、无性杂交对农作物遗传育种的引……

这个“引”字还没写完，他就发现了差错，习惯性地握住衣袖飞快地往黑板上一擦，将“引”字抹去，改写为

“影响”。

教室里发出一阵善意的笑声。袁隆平带着满袖满襟的粉笔灰转过身来，望了一眼学生，又看了一眼自己身上，抬起刚擦过黑板的衣袖在身上又掸了几下，反而把衣服弄得更脏。他笑着说：“同学们，今天你们可以放开来笑，因为今天的课题正好讲到我的一个笑话。你们看，去年我在学校实验园地里做了无性繁殖试验，还得了奖。但是，我今天要在这里向你们宣布，我的试验已失败了！”

原来，自从去年在曹老师家吃过艾叶米粑后，袁隆平便开始了一项试验：把西红柿嫁接在马铃薯上，试图培育出一种上面长西红柿、下面长马铃薯的新作物；他还把月光花嫁接在红薯上，想把月光花的优良抗性转移到红薯上，促进红薯增产。他想：如果能够培育出这两种粮食作物的高产新品种，将可以多生产出多少粮食，救活多少人命啊！

由于新嫁接的作物不能晒太阳，他将自己的被单用墨汁涂黑，给试验作物遮光。结果，他当年嫁接的作物全都喜获“成功”——在同一株植物的地上部分收获了西红柿，地下部分收获了马铃薯；在红薯和月光花嫁接的植株上，除了收获了种子外，还意外地收获了每兜重达27斤的“红薯王”。这条新闻顿时轰动全省，电台报纸争相传送。

可是，袁隆平心里在暗暗叫苦——他的试验才进行了一半，他想要得到的是一批能够投入大田生产的作物种子，而不是试验园地里增产的几斤红薯、几个马铃薯和西红柿。是否真的成功，还要看收获的种子能不能把试验作物当年所表现的性状，稳定地遗传给下一代，因为任何一名生产者都不可能年年去给大田中的每一棵马铃薯或西红柿秧苗进行嫁接。现在最终结果还不知道，就被媒体宣布为“成功”，如果下年种子不能实现所设想的遗传效应，岂不令人笑话？

科学是严肃的。他必须用实验来验证自己的设想是否真能实现。因此，清明节前几天，他把去年收获的种子播到了实验地里。结果地里长出的作物已完全恢复了单一的西红柿和月光花性状，一点马铃薯和红薯特征的影子都没有。这说明他去年嫁接成功的作物，虽然当年增产了，但是并没有形成新的物种，从遗传育种学的角度来看，就是没有成功。

于是，袁老师面对着学生们诧异的目光接着说：“同学们，为了使你们直观地了解试验的最终结果，我带你们到地里去看看，怎么样？”

“好啊——”同学们像一群快乐的小鸟欢呼着，在袁老师的带领下来到了学校的试验园地里。只见地里长着6株茂盛的作物——3株西红柿，3株月光花。袁老师领着同学们来到两种作物中间，左手拔起一棵西红柿，右手拔起一棵月光花，倒举起根部对学生们笑着说："同学们，现在你们看吧，它们的根下连马铃薯和红薯的影子都不见，是不是？尽管去年我把它们的上一代分别嫁接在马铃薯和红薯的植株上时，使它们分别和马铃薯、红薯融为了一体，但今年它们还是纯粹的西红柿和月光花后代，没有把马铃薯和红薯的基因遗传下来。这说明无性杂交不能改变作物的遗传性质。看来，我的试验有些异想天开。同学们说可笑不可笑？"

"不可笑！袁老师！"

"袁老师，我们感谢您用亲身的试验教给了我们真正的知识。"

学生们七嘴八舌地说。

这堂遗传育种学课就在一片笑声中下了课。

3. 雨天惊魂

星期天，大雨瓢泼，沅水暴涨起来，波涛翻滚，打着飞旋，大有一泻千里之势。

在曹老师家的小客厅里，袁隆平、曹老师等几位老友，利用假期，正尽兴打着扑克。

忽然，一道耀眼的闪电撕开雨幕，在窗外急剧地一闪，紧接着一声炸雷惊心动魄地在近处挨着地面炸响。袁隆平不禁打了一个冷战。而后，他直起腰，稍稍愣了一下神，突然想起什么，转身跑出屋子，一头钻进了连天接地的雨幕中，眨眼就跑得不见了人影。

曹老师夫妇俩一时全懵了，不知这个袁老师为何突然冒雨跑了。妻子对着丈夫说："你还愣着干吗？快去看看呀！"

"好，我这就去找他！"曹老师转身拿起一把雨伞闯进了风雨中，朋友们也随即追了出去。

安江农校的实验田里，碧绿的水稻已长到齐膝高，就要开始打苞孕穗了。袁隆平在田头蹬掉两只胶鞋，撩起裤腿就下到灌满了水的田里，哗哗地蹚着水，来到一片被雨水浇得七零八落的稻株中间，开始清点起了这片与众不同的试验稻的株数。清点完毕，他抠着指头默默地计算了一会儿，一股会心的笑意终于涌现在他那紫铜色的脸上，像花一样绽放开来……

"啊呀，隆平，你怎么回事啊？"曹老师和朋友们找到了田里，虽然大家都撑着雨伞，但全身也已湿透了。

"对不起！"望着成落汤鸡似的朋友，袁隆平感到很抱歉，忙不迭地解释："刚才，被那声炸雷一惊，我突然想到雨中的这些试验稻，又猛然记起孟德尔遗传法则，于是立刻赶来

现场验证。刚才，我终于确证自己发现了一株优势不一般的天然杂交稻。现在脚下这些发生了分离的稻株就是它的第二代……”

袁隆平说着，急切地招手要站在田埂上的曹老师他们下田来：“你看，我这些试验稻一共1024株，其中768株为同一形态，其余256株为另一形态。两种不同形态正好是3∶1。你们知道，这些植株全部是我去年从一棵偶然发现的特异稻株上采集的种子培育的，我原指望今年能通过它们选育成一个特优高产的新品种。可是现在，他们的性状发生了明显的分离现象，而且没有一株继承了他们上一代的优势。这就是孟德尔‘分离法则’。”

“啊呀，真是的！”朋友们也禁不住为袁隆平的重大发现兴奋不已。

“这说明我去年发现的这些分离稻株的上一代，是一株天然杂交稻，它的优势多强大，从一棵单株分蘖出十几棵有效穗，每穗都有160~170粒壮谷。按照这棵原始株杂交种的产量来计算，亩产能达到1200斤，如果田里长的都是这种杂交稻，亩产可比现有水稻品种增产40%~50%。如果我们能利用这种优势，农民们就可以摆脱饥饿，不愁没饭吃了！”袁隆平激动地、滔滔不绝地说着。

“这真是一个诱人的前景！”曹老师深受感染。不过，他想了一下，感到还是没有消除疑虑：“水稻作为自花授粉作物，从理论上说，它根本没有杂交优势可言。”

他停了停又问道：“就算你所发现的水稻有某种程度的优势，你又有什么办法去培育出那么多杂交种子，供给大田推广使用呢？”老朋友很专业地提出了难题。

“这一下可被你说到点子上了。这正是我连做梦都想要突破的东西啊！”

如注的大雨继续不停地下着，还是曹老师提醒袁隆平：

“哎，我们有话还是回去说吧。”

“哦，好的好的！”

袁隆平这才感到芒种时节风雨侵袭的阵阵微寒，因摄入量不足而缺乏热能的肌体不禁有了几分瑟缩……

第八章 跋涉在梦境中

1. 面对经典理论王国

1961年冬天，安江一带的山野一派萧瑟，饥饿威胁着人们的生命。

这天中午，袁隆平坐在安江农校后的沅水河边，读着一部厚厚的英文版《遗传学研究》。他穿着皱皱巴巴的深蓝色咔叽布长裤，捉襟见肘的灰色对襟棉袄，棉衣的袖口因为常被他用来擦拭黑板而磨破了，一缕沾满粉笔灰的棉絮从破口处探头探脑地露了出来。

“袁隆平，你在这里看什么呢？这么津津有味！”袁隆平忽听背后传来问话，把他吓了一跳。

他回头一看，是同事李老师，于是合上书本问："你怎么回学校来了？"

原来，农校教师轮流到农村生产队，帮助农民们"大办农业，大办粮食"。上半年，袁隆平和同事们在黔阳县的硖竹公社刚工作过半年，下半年轮到李老师他们接班。硖竹公社离学校只有10多里路，教师们常利用休息天回校来改善一下生活。李老师说："现在，生产队饥荒闹得更厉害了，我们在那里快没饭吃了。"

"你还没吃饭吧？"听说李老师到现在还没吃一点东西，袁隆平赶紧合上书本站起来说："走，我们还有十几斤红薯和一个南瓜的存货呢。"说着，就和李老师一起往宿舍走去。

学校的实验园里，此时已长满了各种冬菜。学校分给每个教师一块土地，自己耕种，以解决国家计划供应的不足。袁隆平和李老师从年初起，合伙种了红薯、南瓜和萝卜。

李老师说："咱们先吃红薯和南瓜，还不够就到地里去拔萝卜，全都吃光了我们再种别的。这老天爷闹饥荒，看它还能饿死我们这些农学家不成！"

袁隆平不禁感叹说："如果世界上的农学家面对饥饿只能勉强保住自己一条小命的话，那就太可怜啰！"

由于他们俩都没有炊具，只得临时借来炉子，用各自的脸盆当锅，一个煮了红薯，一个煮了南瓜。

看着两盆煮得咕噜噜冒气的“美食”，袁隆平对李老师说：“我在硖竹公社时，一位生产队长曾对我说，‘袁老师，听说你正在搞科学试验，那太好了！如果能够研究出个亩产千儿八百斤的新稻种来，那该多好啊！我们就不会挨饿了。’这句话一直使我非常难受。我们搞农业科学研究的人，不能解决大家的吃饭问题，不等于白读了十几年的书？”

李老师突然像想起什么似的问：“听说你暑假到北京去了，是吗？”

“是啊，我趁暑假到北京查阅资料去了。我看到国外科研报道，近十几年来，美国农学界利用杂交技术，使玉米的产量翻了一番。美国学者博洛格在墨西哥运用杂交法选育小麦良种，使墨西哥小麦产量翻了两番多。现在世界上水稻、小麦和玉米3种主要粮食作物，就剩水稻的杂交育种技术还没有重大突破，但美国、日本、印度等国都在研究，其中日本人动手最早，他们20世纪50年代就开始了。”

李老师听着沉默不语。袁隆平继续说：“看来今后世界的粮食问题，在很多方面要靠作物的杂种优势解决。我们中国是多灾的国家，可是，为什么直到今天，还没有人提出对水稻杂种优势进行研究呢？”

“唉，你也知道，经典遗传学理论说了，‘水稻是自花授粉作物，自交不退化，杂交无优势’。”李老师注视着炉火，“你凭什么去突破经典遗传学的论断呢？连中国科学院的大学者都没见一人提起，你还想超过他们吗？”

“经典理论说的‘自花授粉作物自交不退化，杂交无优势’的问题，过去我就有点怀疑。但现在经过多方的研究试验，我发现这个论断是不准确的。玉米、高粱都是自花授粉作物，现在，玉米、高粱的杂交优势已经在国外广泛用在大田生产，它们的优势已经……”

“好了，开锅了，开锅了！吃了再聊吧！”李老师饥不可耐地嚷道。

袁隆平一边熄着炉火，一边满怀憧憬地说：

“我现在就是想在别人已经确立的理论基础上，再来建一座杂交水稻的金字塔！你看怎么样？”

2. 追逐“绿色革命”的梦

一心沉湎于杂交水稻试验的袁隆平，直到34岁那年，才在朋友的热心帮助下，找到了他心目中的那一半。

1964年春节，一位名叫邓哲的姑娘，穿着一身火红的球衣，踏着松软洁白的积雪，来到了袁隆平的身边，从此，给这个清冷贫寒的小家，绘出了一幅温馨祥和的图画。

邓哲原先是袁隆平的学生，袁老师还当过她的篮球和游泳教练呢。早餐时间，新郎新娘双双来到学校食堂，各端回了一份钵子饭。1964年，虽说饥荒已经过去，但离温饱还有一段艰难历程。因而，学校食堂的钵子饭米粒发黄，干硬粗糙，大锅菜缺油少盐，寡淡无味。袁隆平边吃边对邓哲歉意地说:“你跟着我第一顿就吃这样的饭，真不应该。”

“这我早有思想准备。不过，下一步就看你的杂交水稻了。”

“但是，你放心，就像电影《列宁在十月》中的瓦西里说的:‘面包会有的，牛奶也会有的，一切都会有的’。”袁隆平哈哈笑着，一边大口嚼着黄米饭，“不过，当年列宁领导的是红色革命的成功，可我今天承诺的是绿色革命的成功。”

“哎呀，看你瞎说到哪去了！”邓哲听他漫不经心地把自己和革命领袖相提并论，赶紧停下手中的筷子，正色地劝阻。

“嘿嘿，我还真没想那么多呢。绿色革命是近年来国际上对水稻半矮秆化的一个称谓。所以我觉得我搞杂交水稻也是绿色革命！”袁隆平自知“冒昧失言”，但还是不由自主地辩解说。

“怪不得人家说你走白专道路呢。这倒还不打紧，关键是

说话要注意。俗话说，祸从口出啊。”邓哲善意地提醒道。

3. “稻”海捞针

盛夏时节，骄阳似火。正是早稻扬花吐穗的时候，正午，在安江农校的水稻实验田里，袁隆平光着脑袋，肩挎标本夹，右手拿着镊子，左手拿着放大镜，正在一朵一朵地观察着水稻的颖花。他那高高卷起的裤腿上溅满了星星点点的泥浆，上身的白衬衫已被汗水浸透，满脸的汗水还在一个劲地往下滚落。

“哎，快上岸来，到树荫下歇一会儿吧！我给你送凉茶来了。”忽然，田岸上传来亲切的呼唤。

袁隆平这才抬起头，看见妻子邓哲正撑着一把黑伞，提着一把茶壶从田埂上走来，便关切地说：“这么大热的天，你就别再往这儿跑啦！”

“可你每天中午在大太阳底下晒着，我怎么能安心待在家里呢？”邓哲放下手中的茶壶说，“我还想跟你学学呢，学会了我可以给你打下手。”

“哦，你有兴趣，那太好了！我现在是在这稻海里寻找一种雄性不育的花朵。如能找到它，可是解决水稻杂交的首要问题呢！”袁隆平高兴地说。

这已经是1964年夏天了。自从1961年袁隆平与曹老师在大雨中谈到自己发现了天然杂交稻的那天起，他就意识到了天然雄性不育水稻的存在。然而，这种搜寻有如大海捞针，3年过去了，还没见这种稻的影子。

因而，连深知他脾性的邓哲都忍不住问："你这样长年累月地找，却总也找不着，就不感到厌烦吗？"

"我怎么能厌烦呢？这是我的职责呀！你不知道它是多么神秘和新奇！只要能坚持不懈地追寻下去，你就有可能成为第一个攻克水稻杂交技术的人。你要知道这项技术将能解决无数人的吃饭问题啊！"袁隆平挥袖抹了一把汗，头也不抬地说道。

"哎呀，你这话我都不知听了几遍了。干脆，我现在就下田跟你学吧。"邓哲说着，就把阳伞收起，卷起裤腿，脱了鞋袜，赤脚踩进泥田。

又有10天过去了，早稻扬花已接近尾声。整整10天没下雨，火辣辣的太阳晒得土路边的草都低下了头，稻田里的水都晒得烫脚。为了在强光下观察到最好的效果，他们都不戴草帽，以免遮光，邓哲的脸上很快被晒脱了一层皮，小腿肚被稻叶划出一道道血痕，又被禾田里的水一泡，皮肤上便生出许多红疹子，又痛又痒，难受极了。她抬起头看着不远处正在烈日下全神贯注地拿着放大镜，挨个儿检查稻穗的丈夫，心中升腾起一股庄严的情感……

俗话说，只要功夫深，铁杵磨成针。在这研究的初始阶段，袁隆平和新婚的妻子一起，连续坚持了14天，用放大镜观察了14000多个稻穗，终于找到了第一株水稻天然雄性不育株。在连续两年的酷暑季节里，他们顶着烈日，在安江农校实习农场和附近生产队的稻田里，大海捞针般地寻觅。在检查了4个常规水稻品种几十万个稻穗后，终于找到了6株雄性不育的植株。

1965年7月的一个晚上，安江农校的实验室里灯火明亮。袁隆平将水稻雄性不育稻花放在一个平口玻璃器皿中，经过一系列的测试，完全确证了他的判断。他兴奋地对陪伴着他做试验的妻子说："现在，我们可以正式宣布，我们在中国第一个发现了水稻天然雄性不育株。我们将要提出一项关于利用水稻杂种优势的研究计划，为我国的粮食生产摸索一条高产、稳产的道路来！"望着为新发现激动得满脸通红的丈夫，邓哲的眼里不禁泪光闪烁。

1966年2月28日，中国科学院院刊《科学通报》第17卷第4期，终于发表了袁隆平关于杂交水稻研究的第一篇论文。

第九章
历尽磨难终不悔

1. 险蹲“牛棚”

1966年夏季，水稻刚进入孕穗期，天气就变得闷热起来，然而更加让人感到心绪不宁的是，一场名为“无产阶级文化大革命”的运动席卷了神州的每一个角落，很多人都遭到无情打击。

安江农校很快陷入了这场史无前例的灾祸之中。一夜之间，宁静平和的校园就被各类批判校长、老师、反动学术权威的大字报、大标语张贴得面目全非。

袁隆平经过两三年辛勤试验，培育出来的100多盆不育系试验禾苗，全被“造反派”们砸了个稀巴烂。幸好，他的两名学生李必湖、尹华奇提前搬走了3盆不同类型的不育系禾苗，藏到了学校果园边不引人注意的臭水沟里。袁隆平爱怜地凝视着绝处逢生的秧苗，深深感激这两名贫穷而好学的农家子弟。

晚上，刚吃过饭，就听到一阵咚咚咚的敲门声，夫妇俩对视了一下，邓哲去打开门，一位戴着红袖箍的学生走了进来。

早有思想准备的袁隆平镇定地问：“小同学，是不是要开我的批斗会？”

“好像是，‘文革’工作组的王组长要我来叫你到办公室去一下。”

告别妻儿，袁隆平便随着“红卫兵小将”来到了工作组办公室，令他感到意外的是，王组长竟很客气地对他说道：“哦，老袁来啦，我正在等你哩。请坐。”

工作组长的反常举动，使得袁隆平一下懵了，猜不透这位组长葫芦里到底卖的什么药。

“王组长，听说学校要开我的批斗会？”袁隆平想索性自己把窗纸捅破了吧。

工作组长愣了一下，很快就点头道：“噢，原来是准备开的，但现在不开了。”

接着，王组长就“出身不由己、革命靠自己”，有人反映袁隆平走资产阶级白专道路等问题，对袁隆平进行了严肃的教育，然后，又话锋一转，和颜悦色地说：“今天找你来，主要是想请你给工作组选一块晚稻实验田，请你当技术参谋。”

一直低头听着的袁隆平，觉得大感意外，他怀疑自己可能耳朵出了毛病，便小心翼翼地问：“王组长，您的意思是……我搞实验不算是培养资产阶级的苗啦？”

王组长哈哈一笑说：“毛主席不是说要‘抓革命促生产’嘛，你现在的任务就是要执行最高指示！”

听到这里，袁隆平心中的一块石头才总算落了下来。不过回到家里，和妻子琢磨了大半夜，仍对这急转直下的命运感到如坠雾中。

不久，随着运动的深入，工作组被学校的“造反派”赶走了，王组长也沦落成了一介草民，他这才告诉袁隆平，当时工作组确实要把袁隆平作为第八个“黑帮分子”来揪斗，准备让他蹲“牛棚”，并派了人秘密监视他的行踪。但在查阅袁隆平档案时，却意外地发现了国家科委发来的一份红头公函，高度评价了袁隆平发表在《科学通报》上的论文，指出他的研究具有非常重大的意义，如此项实验成功，将对中国的水稻产量带来大面积增产。公函要求湖南省科委和安江农校大力支持袁隆平的水稻雄性不育研究。当时，基层工作组成员还从没见过这么大世面，国家高层主管机关专门发函，褒荐一位普通科研人员。工作组感到不能对袁隆平轻举妄动，便请示当时的上级领导，领导当即表示对这样的人才一定要好好保护。于是，工作组决定对袁隆平“从宽发落”，并允许他继续进行科学实验。

2. 5·18毁禾案

饶幸获得科研自由的袁隆平，又开始了他的实验，他把抢救出来的3株雄性不育水稻重新从臭水沟拿出来，经过两年的精心培育，已长到可以栽满两分水田了。就像看到自己的“孩子”大病初愈，他欣喜不已。

1968年5月18日早饭后，袁隆平又如往日一样，来到他的实验田边。然而，映入眼帘的田里的景象，却令他大吃一惊，昨天傍晚他还看见好好的雄性不育禾苗，已经一棵不剩地不翼而飞了，试验田里只留下一些乱七八糟的脚印……

这个刚强的汉子片刻间再也忍不住，两行泪珠夺眶而出，他在泥地里呆坐良久，才缓过一口气来，开始寻找被拔掉的禾苗，然而，踪迹全无。他跌跌撞撞地找到了当时进驻学校的“工人宣传队”，向领导同志诉说了事情的原委。领导耐心地听了陈述后，也对这样一起恶劣的故意破坏事件表示了愤慨："我非常理解和同情你"，但他也希望袁隆平理解："现在学校党组织已经瘫痪，对这起案件我们实在感到无能为力。"

面对法律的缺失，正义不能伸张、邪恶无人鞭挞，袁隆平毫不气馁，每天都在田头地角四处寻找。这一天，已经是事发的第四天了，当袁隆平经过校外的一口水井边时，突然发现水面上漂浮着几根禾苗，他马上捞起一看，一共5株，正是他珍贵的水稻雄性不育株。他不假思索，立即纵身跳入井里，把那带着一坨坨泥巴，沉在井底的雄性不育禾苗全都打捞上来，可惜这些禾苗在水中浸泡时间太久，已全部沤烂了。

怀揣着这5株一息尚存的禾苗，袁隆平既心痛万分，又如获至宝，他把它们捧回家，重新栽在实验盆里，一切又得从头做起。

这天，一位同事来到袁隆平的实验田里，走近正在给禾苗施肥的袁隆平，小声说道："你听到了没有，这些天学校正有人传言呐，说那些秧苗实际上是袁隆平自己毁掉的。说你以科研为名，用去国家几千块钱，知道实验搞不下去了，就自己把禾苗毁掉，还嫁祸于人。"袁隆平听后，对来人置之一笑道："我也听说了，还有说我是'科研骗子'的呢，让他们

说去吧！”

然而，让袁隆平没想到的是，第二年6月，当时的“革委会”下了一道调令，把他分配到溆浦县低庄煤矿去“宣传毛泽东思想”。

自袁隆平无奈地离开后，他的两名助手李必湖、尹华奇不停地给湖南省科委、农业厅和国家科委发电报和写信，他们在电文和信中恳切呼吁：“目前，杂交水稻科研工作遇到了严重挫折，如果不将袁隆平同志调回科研小组，水稻实验将前功尽弃……”终于，“上书”有了效果，袁隆平又调回了安江农校。

虽然“文革”动乱席卷神州，但湖南省科委和农业厅还是派员来到安江农校了解情况，证实了李必湖和尹华奇信中反映的情况完全属实。主管领导考虑到此项科研项目不同一般，便将它交给湖南省农业科学院，专门成立一个“湖南省水稻雄性不育科研协作组”，批准袁隆平的请求，将尹华奇、李必湖两名本来应该回乡种田的毕业生留在学校，给袁隆平当科研助手，并从有关单位抽调几位科技人员共同合作。

经过两次雄性不育水稻被毁的事件，袁隆平更坚定了要搞好这项科研的决心。他坚信，在逆境中只要你自己不倒，就永远也没有人能击倒你。

3. 坚守在地震中

1969年刚入冬，洞庭湖畔的湖南已有了萧瑟的寒意。

为了加快杂交水稻的研究，夺回在“文革”中被耽误的时间，袁隆平觉得，不能就这么让杂交水稻按照常规在湖南一年仅仅生长两季，应该走出去，到气候炎热、适宜水稻生长的海南岛和云南去种植培养。

这年冬季，袁隆平带着他的得力助手李必湖和尹华奇，来到了地处祖国西南边陲的云南省元江县。

他们带着从劫后余生的几株秧苗中培养出的雄性不育株后代的几百粒稻种，在元江县安营扎寨，当年12月底，师徒3人开始浸种，在适宜的温度下，估计经过几天催芽，到元旦过后就可以播种育秧了。

1970年元月1日，正值元旦佳节，袁隆平同往日一样，忙到深夜才睡下。但是，躺到床上没过多久，他就被一阵强烈的晃动惊醒了。他发现屋子在剧烈颤动，屋内的桌椅和器具都在跳动着移位，天花板上的石灰往下大块脱落，一时间，袁隆平明白发生地震了。他立刻大声喊道：“小李、小尹，快起来，快起来！地震了！”他一边将两位忙了一天的助手叫醒，一边抱着还浸着稻种的铁桶飞快冲出了屋子。

天亮了，余震依然不断，屋里是无法进去了。当地农技站的周书记来看望他们，叫来老乡帮他们将行李、资料等从危房中搬出来，告诉他们：“昨晚是元江东北方向的峨山县发生强烈地震，震级达到里氏7.2级，离震中150公里的元江震级也达到了5级以上……你们赶快走吧，城里乡下都倒了不少房子，水电设备被破坏了，粮食也都被埋在废墟里了，你们留在这里很危险。”

袁隆平感激地说：“谢谢你啊，周书记，我们现在不能走。我们的稻种都已经浸出芽了，一走这批芽就全烂了。”袁隆平掂了掂手中浸在桶里的稻种说：“这稻种可不是一般的种子，它们比我的命还贵重呢！”

周书记告辞后，袁隆平和两位助手统一了想法：“我们现在没有任何选择，哪里都不能去，一定要把这点稻种保存好，培育好。”

当天，3个人就在农技站的一块不大的水泥球场上，用几张塑料薄膜盖起了一个十分简单的窝棚，窝棚内的水泥地上垫上稻草，铺上一张草席，就算把家重新安顿了下来。

接着，又开始张罗稻种。简陋的窝棚内，他们牵起了一根绳子，将浸泡了稻种的一个个小布袋挂在绳子上，每隔几个小时就浇一次水，促使稻种在布袋内尽快发芽。

制种的生活单调枯燥。太阳出来，窝棚内热得几乎不能待人；遇到雨天，地上四处跑水，“床铺”全浸水里；一到夜晚，虫叮蚊咬，奇痒难忍。更让人难以忍受的是粮食的缺乏。交通阻断，外面的给养进不来，尽管手中有钱，却根本买不到粮食，于是，他们便向当地农民购买香蕉和甘蔗吃。

3个人从堆放在地上的成捆的甘蔗里每人抽出几根来，砍成一节一节的，然后双腿盘在地上，像熊猫啃竹子那样吃起来。

袁隆平问俩助手：“你们还吃不吃香蕉？”

李必湖说：“哎哟，袁老师，你现在别再说香蕉这两字，我一听都想吐。”

袁隆平笑着说：“哪会有这种事，我吃给你们看。”

袁隆平从香蕉堆里拿出一个香蕉，用手剥了皮后，送到嘴里，刚想咽下去，没想到一个嗝逆，差点吐了出来。

在一旁吃着甘蔗的尹华奇问：“袁老师，你已经吃了多少甘蔗了？”

袁隆平说：“同上次买的算在一起大概有3000斤了吧！”

李必湖说：“袁老师，你知道我们两个吃了多少斤吗？”

袁隆平摇摇头说：“鬼晓得你们吃了多少，那一大堆不都是你们吃掉的吗？”

李必湖伸出大拇指和食指说："我和尹华奇一共吃了8000多斤。"

袁隆平笑了："说起来，我们还真该感谢这些甘蔗，要不然像香蕉那样，吃了几十斤就想吐，我们就没法在这里坚持下去了。"

尹华奇说："这也奇怪，甘蔗怎么吃了就不会倒胃口，这香蕉怎么就会呢？"

李必湖说："这你还不明白，让你天天吃米饭你不会腻，让你天天光吃猪肉，保准一星期，你见了活猪都会吐。"

尹华奇叫了起来说："不许说'猪'字，我现在听了猪叫都会流口水。"

3个人一起哈哈大笑起来。

一晃3个多月过去了。就这样，师徒3人在常人难以忍受的艰难困苦中，以乐观和坚韧，在元江坚守着这些同他们一样历尽磨难的雄性不育系稻种，度过了水稻生长的整个周期，向着既定的目标一步步挺进。

第十章
上下求索

1. 南国探宝

当寒风逼近洞庭湖畔，袁隆平和两位助手又像南飞的大雁一样，飞向位于天涯海角的南国宝岛。海南岛高温多雨的热带气候，是水稻育种的最佳环境。

在长达6年的时间里，袁隆平与助手们几乎马不停蹄地穿梭在湖南与广西、云南和海南之间。有时候为了不耽误农时，将随身所带的种子就在途中开始浸泡，甚至把珍贵的种子绑在腰上，用体温来保持稻种发芽所需要的温度。

袁隆平笑着对他的助手李必湖和尹华奇

说:“毛主席说:‘一万年太久,只争朝夕。’我们就是在做‘只争朝夕’的事业,我们是坐着轮船、火车在追赶农时,用我们的腿在与季节赛跑啊!”

长年的奔波劳累,袁隆平的体重从130多斤跌到100来斤。看着日渐消瘦的老师,两位助手常常担心他的身体,袁隆平却哈哈一笑说:“瘦怕什么,体重减轻了,行动起来就更灵活了。”

这天,他们如往日一样顶着烈日在田间实验。归途中,李必湖忍不住说道:“袁老师,6年了,我们进行了这么多的杂交组合试验,为什么总达不到理想的效果呢?”

在一旁的尹华奇也接着说:“是啊,已经用了1000多个品种,做了3000多个杂交组合的试验,一直出不了成果,是不是根本就无法实现水稻100%的雄性不育率呢?”

袁隆平没有正面回答,却给助手们讲起了矗立在海南三亚的那个“鹿回头”的美丽传说:“你们都见过三亚那个‘鹿回头’的雕像了吧,据说很久以前,一名勇敢的黎族青年,手拿弓箭追一只梅花鹿,追了9天9夜,翻过了99座山,一直追到海边。梅花鹿被迫跳上一块石头,但眼前茫茫大海,无路可走了。男青年正要拉弓射去,梅花鹿忽然间变成了一位美貌的姑娘,后来他们恩恩爱爱的,结成了一对美满的夫妻。”

看到两位助手会心地笑了，他接着又说：“这些年我们风里来雨里去，为做这试验也像是当年唐僧师徒一行去西天取经，经历了九九八十一难，但我相信，只要我们不违背植物生长规律、选对正确的科研方向，我们一定会找到这位‘美貌的姑娘’。”

这天，他直到深夜还在床上辗转反侧，便索性看起这些年来自己所作的学习笔记。

美国的《农学杂志》上一篇用小麦和山羊草杂交产生不育系的报道曾引起过他的思索。他回想起这些年来所做的一系列杂交组合试验，突然发现他们所有这些试验的一个“盲点”就是都在人工栽培稻中进行，这同人类近亲繁殖会造成基因缺陷一样有着同样的问题。这些人工栽培稻经过人类一万多年的驯化后，一些基因或遗传特征在人工筛选过程中逐渐丧失了，唯有野生稻却还保留着不少罕见的和重要的基因，而海南岛不正是我国野生稻的主要分布区吗？想到这里，袁隆平情不自禁地用力拍了一下桌子，这个灵感的闪现让他喜出望外！袁隆平决心立刻调整试验计划，寻找与人工栽培稻亲缘关系比较远的野生稻来进行杂交组合试验。

第二天一早，他找来了李必湖和尹华奇，兴奋地对他俩说："我想试着把杂交育种材料的亲缘关系尽量拉大，用远缘的野生稻与栽培稻杂交，你们分头去寻找野生稻中的天然雄性不育株吧！我先去北京查找一些有关资料。"

1970年秋天，两位助手来到了海南岛崖县的南红农场，在农场技术员冯克珊的带领下，开始寻找野生稻中的雄性不育株。

11月23日，李必湖与冯克珊一起到了一座铁路桥边，发现路边一片沼泽中生长有3分地左右的野生稻，当时正是野生稻的扬花期，对水稻研究已谙熟于心的李必湖十分认真地察看着一株株野生稻。突然间眼前一亮，他看见了3株雄性异常野生稻穗，这真是"踏破铁鞋无觅处"啊！他立刻将这来之不易的野生雄性不育株小心翼翼地连根拔起，移栽到试验田中。闻讯从北京赶来的袁隆平采集了3个稻穗上还未开放的小花朵，放到100倍的显微镜底下仔细观看后，不禁放声大叫起来："哈哈！一株真正的雄性不育天然野生稻！"他高兴地拍着两位助手的肩膀，连连称赞他们，"小伙子，干得好！干得好啊！"旋即又建议："鉴于它是一株野生败育雄性不育株，我看，我们就把它命名为'野败'吧！"

"好啊！"

激动万分的师徒3人，3双手紧紧握在了一起……

2. 众人拾柴火焰高

1971年的春天到来了。湖南省农业科学院成立了杂交水稻研究协作组，袁隆平被调入协作组工作。

为了阐述“野败”发现的意义，袁隆平在《利用野败选育水稻不育系的进展》一文中写道：“用以前的材料与方法，采用筛选法和人工制造法，是很难获得保持系的，至少我们感到前景渺茫。唯‘野败’表现与其他不育材料不同，真是异军突起，别开生面，给试验带来了很大的起色。”

然而，当时一些权威人士仍固执己见：“水稻是自花授粉作物，没有杂种优势。在这条道上走下去，只能是死路一条。”

但是，袁隆平却不为所动。为实现大规模的水稻杂交试验做材料准备，他采用无性繁殖分蘖的方法，将“野败”分成了46蔸插在实验田里进行扩大培植。在杂交水稻实验研究会上，袁隆平提出决定将“野败”毫无保留地向全国的科研单位公开，邀请全国各地育种专家和技术人员共同研究、协作攻关。

有位同事感到不可理解，便问袁隆平：“为什么要让别人来分享你们历尽千辛万苦才得来的成果呢？”

袁隆平回答:"'野败'确实是很不容易才找到的不育材料，但是作为野生稻，它的不育性却无法直接用于生产，必须培育出生产上所需的不育系、保持系和恢复系的'三系'配套，才能最后实现大田生产。但要完成这'三系'配套，还会遇到许多复杂的技术问题，仅凭几个人短期内是无法完成的。"他顿了顿，对这位同行，也是对全体与会者说:"为了尽快把科研成果化为农民所需要的杂交稻种，就应该发动大家协作攻关，这是有利于国家，有利于农民的事情，我们为什么不干呢？"

海南崖县南红农场变得热气腾腾的了。

在袁隆平的倡导下，来自全国13个省、市、自治区18个科研单位的50多名科研人员汇集到了这里。为了能让大家尽快掌握水稻杂交的新技术，袁隆平每天来到田间，亲自动手做示范。到了晚上，就采用课堂教学的方法，向大家讲授杂交水稻的基础理论。

众人拾柴火焰高。来自祖国四面八方的农业科研队伍，历时3年，使用数以千计的品种，与"野败"进行了数以万计的测交筛选，终于在突破"不育系"和"保持系"的基础上，找到了100多个优势强、花粉量大、恢复度在90%以上的"恢复系"。这种极具中国特色的大"会战"，将一个科学家需要花费几辈子时间才能完成的浩繁巨大的科研工作量，以人们无法想象的速度完成了。

“我这个人有点痴，认准的一定要走到底。”这是袁隆平的一句名言。实践证明，他对杂交水稻“三系”理论进行的设计及其协作攻关的思路是完全正确的。籼型杂交水稻“三系”的诞生，宣告了我国在杂交水稻研究领域已经达到了世界领先水平。

3. 只长草不长谷吗？

就在杂交稻试验出现重大转机的时候，袁隆平的助手罗孝和在湖南农科院的试验田里种了4分田的“三超稻”。“三超”是指产量一超父本、二超母本、三超对照品种的杂种优势试验稻。由于稻子的长势十分旺盛，引起了人们极大的兴趣，以至于惊动了省里有关领导。准备开镰收割的这天，众多部门负责人和科研人员都兴致勃勃地赶到现场，准备及时召开现场推广会。

但是，收割下来的稻谷过秤后，却让人大失所望。因为大家发现这“三超稻”除了在稻谷产量上与对照品种基本持平外，稻草的产量却比对照品种多出了很多。这一结果使所有到场的领导和同行都感到十分尴尬。这时，原本就对杂交水稻持有偏见的人，更加冷言相加了：“费了这么大劲，兴师动众的，就光长稻草。可惜呀，人不像牛可以吃草。”还有人当场就责怪有关领导：“为什么要支持这种试验，明显是劳民伤财。”

领导同志恼怒了，把罗孝和找去，严厉地批评了一通。本来已经当众下不来台的罗孝和“雪上加霜”，心情沮丧的他只好找到袁隆平诉苦，并把有人骂他们是“草包”的话也告诉了袁隆平。袁隆平却神色坦然地问：“你的‘三超’不是在稻草产量上显出了优势吗？”

罗孝和双眉紧锁地回答：“说的是啊，可是这个优势体现的不是地方，全是稻草啊！”

袁隆平笑道：“全是稻草，也是优势啊！只不过这个优势的趋向出了问题，如果我们在下一步将优势的方向定在稻谷上，不就可以增产了吗？我们完全可以吸取这次教训，改进组合嘛。”

袁隆平的话使罗孝和茅塞顿开，沉重的心情变得轻松起来。

为了改变被动的局面，袁隆平再次远赴海南岛，亲自配制了新的杂交稻种，分送给他的助手们。

他们又在湖南省农科院的试验田里试种了一亩二分的试

验田。

转眼又到了新一茬稻谷的收获时节。尽管这天收割时没有领导到场验收，但是负责这块试验田的农工队长在给稻谷过秤后，马上兴奋地大叫起来："亩产550公斤！"

袁隆平和他的助手们终于开怀地笑了。

实践出真知。第二年，为了让人们都能认识到杂交水稻的高产优势，袁隆平决定扩大种植面积，在全省各个点进行试种。实验的结果，在同等管理条件下，所有的试种点都获得了比普通水稻高出20%的增产效果。

1974年，在袁隆平的主持下，中国第一个杂交强优势组合"南优2号"在安江农校试种成功，中稻亩产达到628公斤，双季晚稻亩产达到511公斤。紧接着，又组合成杂交早稻"威优35"。"只长草不长谷"的论调自此不攻自破了。

第十一章
喜迎科学的春天

1. 突破制种关

杂交水稻不育系、保持系、恢复系的“三系”配套成功，用事实打破了当时有人散布的所谓“三系，三系，三代人也搞不成器”的悲观论调，在世界上首次育成强优势杂交水稻。但是否能真正进入大田生产，还取决于杂交稻种的制作成本。

水稻属于自花受粉植物，花器小，雌雄同花，改良成杂交稻后，由于雄性不育，就成了异花授粉，这样就大大提高了制种成本。而如果制种成本降不下来，即使杂交稻能多产20%的粮食，结果是粮食增产越多，经济收益越少，这样就失去了推广杂交稻的意义。

先前的反对派又开始发表他们的“高见”了：“日本研究杂交水稻不比你们早得多吗，为什么到现在还没能推广运用于生产呢？就是因为过不了杂交稻制种这一关！水稻花粉量少、每天开花时间又短，不利于异花授粉，所以，根本没办法获得大面积推广应用需要的种子。”

对于那些惯说风凉话的人，袁隆平从来将他们的话只当耳旁风。但是这一次，他对助手们坦言：“我们应当重视这些问题。水稻生长的特性决定了杂交稻采用异花授粉，这给降低制种成本确实带来了困难，但这并不是像他们预言的那样完全无能为力。因为水稻保留了风媒传粉的特征，这就为解决杂交稻制种难的问题提供了条件。”

“我们别无选择，只有迎难而上。爱因斯坦曾说‘科学研究好像钻木板，有人喜欢钻薄的，我就喜欢钻厚的’，我们就是要钻杂交水稻这块‘厚木板’。”

袁隆平开始对杂交稻制种进行周密的计算。

他首先考虑制种的产量问题，至少需要达到亩产多少公斤才能使种子的生产者和消费者都有经济效益？按常规稻每亩收获400公斤的价值来算，杂交制种的亩产必须不低于40公斤，才能保证制种和用种的农民都能获得增收15% 以上的经济效益。

通过科学实验，袁隆平发现“南优2号”的父本每个雄蕊上部的花药有花粉600粒左右，以每亩花粉粒300亿计算，在扬花期间，每平方寸的空间花粉密度可达5000粒左右，这个数将大大超出亩产收获40公斤的母本有效穗的授粉需要。

他同时发现，杂交水稻制种产量的高低，与花粉数量虽有一定关系，但起决定因素的是杂交稻父、母本扬花时间能否一致，也就是花期能否相遇。如果父本和母本的花期不遇，那么，父本散发的花粉再多，也没有用。

当1973年冬季悄然而至时，袁隆平和他的助手们深入海南岛，就像关注自己的孩子一样，夜以继日地追随着杂交稻的“生物钟”：观察它们分蘖、扬花、授粉、结实的时间。用各种技术手段来推测父本、母本的花期，采用调节温度、控制水肥、施用生长激素等“手术”调节父、母本各自的花期。一般不育系的母本分为开花、盛花、谢花3个时期，袁隆平将父本也分3期播种，分别将3批父本的盛花期对准母本的开花、盛花和谢花3个时间段。这样，如果第一批父本的盛花期没能和母本的盛花期相遇，还有后续的第二批、第三批，总有一批能相遇。经过几百个日夜的科学实验，袁隆平精心设计的“布阵法”，使杂交稻制种产量大幅上升，其中部分亩产突破50公斤大关。

袁隆平随即总结了制种攻关的实践要领，发表了重要论文《杂交水稻制种与高产的关键技术》，及时把这一技术推向了全国。

1975年冬，当北国千里冰封的时候，祖国的宝岛海南却被千百面“南繁”的旗帜装点成火红的一片。由袁隆平挂帅的湖南全省千万人马组成的制种大军来到这里，开辟了3万多亩的杂交稻种田，为此后不久的全国杂交水稻的推广，提供了大量宝贵的种子。这次制种“战役”不仅普遍亩产超50公斤，有的高产竟达150公斤，我国杂交水稻制种生产自此开创出了一条崭新的道路。

2. “右派”同学的悲喜剧

同是这一年，袁隆平偶然得知他的大学同学张本，几十年来一直在贵州一个偏僻贫困的乡村。

张本1953年毕业后分配在贵州省农科院，在1957年的“反右”运动中不幸被错打成“右派”，妻子悄然离去，他被下放到贵州的金沙县。近20年来，名义上他的工作单位在县农业局，实际长期在基层一个生产大队接受劳动改造。袁隆平想：老同学所在的贫困地方，最需要的就是农业技术，但

是这些地方的信息往往十分闭塞，有好的技术都很难得到推广。张本是学农的，正好利用杂交水稻的推广发挥张本的特长，让人们认识到他的作用，也借以利用杂交稻技术提高当地的粮食产量，改变那里人民的贫穷现状。

1975年秋，张本突然接到了毕业后一直未见面的同学袁隆平寄来的邮包，打开一看，竟是一包2.5公斤重的稻种，心情不禁异常激动起来。长期以来，张本被人们称作“老右”，在政治上受尽了歧视，一直默默无闻地干着与普通农民一样的力气活。如今，阔别二十几年的老同学竟给他寄来了一包珍贵的稻种，他恍惚感觉自己似在梦中！

第二年开春，张本就向队里申请试种杂交稻。开始生产大队的领导很不以为然，一个“老右”要搞什么水稻试验？不过，反正田都是要靠人种的，就给了张本两亩半水田。于是张本按照袁隆平来信中交代的杂交稻技术要领，进行了育种。张本插秧时，农民们发现这个“老右”没有按常规一蔸插几根秧，而是每蔸只插一根，不禁议论开了，一些人在田埂上忍不住叫道：“老右，你发什么神经啊！插秧只插一根，你还想不想收稻谷啊？”

张本显得十分自信地回答：“我这个稻与众不同，今天插一根，到时候每亩要收1000斤呢。”

由于当地山高水冷、土地贫瘠，一般的水稻收成都达不到800斤，因此张本的话立刻引来一片嘘声，有人奚落道：“这个张老右，平时看你挺老实的，今天怎么也会吹起牛皮来了！”

随着时间的一天天过去，人们从这片水稻的长势上渐渐看出了它的不同凡响。收割的季节到了，农民们全都到现场来验证这神奇的稻种究竟能打多少稻子。结果，这两亩半的水稻收割下来后一过秤，大家不由都瞠目结舌，亩产竟然高达1700斤，比常规稻的产量翻了一番还多。

“右派”创下水稻高产纪录的消息很快传到了县上，县委书记火速来到田头视察，亲自找到张本问明端详，立刻以县委名义向袁隆平发出邀请电：务请尽快来贵州金沙“传经送宝”。

袁隆平很高兴地应邀了。只要是为推广杂交水稻，他都二话不说。到了金沙以后，当地领导将他奉为座上宾，一路警车开道接送，侍卫随从形影不离，连上厕所都有人跟随。从来就自由自在惯了的袁隆平还未享受过如此礼遇，感到十分不自在。倒是老同学张本从此命运改观，鉴于他“引进”杂交水稻有功，连“右派”帽子都没摘，就被任命为县农科所所长。不久，又建立了美满的家庭。袁隆平以5斤杂交稻种子，换来老同学提前跳出了苦海，一时传为人间佳话。

3. 农民眼中的“幸福稻”

1976年，祸国殃民的“四人帮”被粉碎，十年“文革”动乱终告结束。

袁隆平和中国的广大科学工作者一样，迎来了科学的春天。他冷静地坐了下来，写出了他的第一部学术专著《杂交水稻》，以及又一篇重要论文《杂交水稻培育的实践和理论》，从理论与实践的结合上表述出十几年来的工作心得，以进一步扩大三系杂交水稻的研究成果。它们不仅为开辟我国特有的杂交水稻工程理论体系奠定了基础，而且为我国生物学工程理论体系，增辟了一门生动活泼的崭新理论——作物杂交理论，它的应用范围已超出了杂交水稻本身。

1978年，全国科学大会在首都人民大会堂召开，党中央向全国人民发出了向科学进军的伟大号令。

参加全国科学大会回来的袁隆平，心情舒畅，青春勃发，他更加把主要精力投入到杂交稻的推广运用中，最重要的是让广大农民了解这项新技术的好处，正确掌握这门新技术。于是，中国的广大农村，无论是平原、谷地，还是丘陵、山区，都留下了袁隆平的足迹。朴实的农民们只要认出了他们心中这位了不起的科学家，都会向他欢呼，涌上前来争着跟他握手。有的老农民激动得流下了泪水。

杂交水稻在全国种植面积迅速扩大，1978年达到近6400万亩，1983年突破1亿亩；杂交制种技术也从技术人员手里转移到了寻常农民之手。三系杂交水稻随着联产承包责任制的实行，成了一项进入千家万户的成熟技术。

面对着翻滚的千重稻浪，那一片片生命线的“金镶边”和“银镶边”，农民们感激地把杂交稻称为“翻身稻”和“幸福稻”。

1984年，湖南杂交水稻研究中心成立了，在全国杂交水稻领域成为领军人物的袁隆平实至名归地担任了中心主任。

在回顾几十年走过的历程时，袁隆平不禁对助手们讲了这样一个故事：西方一位心理学家曾对一个死囚犯进行心理测试，在死囚面前设置两个门，一个门上写着“死”字，另一个门则黑洞洞的什么也看不见，心理学家让死囚任意选择一个门走出去，只见死囚朝黑洞洞的门盯了片刻，慢慢走向了“死”门，其实，那个黑洞洞的门背后就是光明。然而，由于死囚对未知领域的恐惧，所以他便选择了死。接着他说道：“这个故事告诉我们，人要敢于冒险，是一件多么困难的事；而我们从事科研，就一定要敢于向未知领域进军，敢于冒险。我的经验，一个人要想成功就是靠着知识、汗水、冒险，或者叫作灵感和机遇。”

第十二章
走出国门

1.杂交水稻之父

自20世纪70年代初，随着中美关系的解冻，中国科技界与国际科技界的学术交流活动也逐渐展开。1979年4月，由美国洛克菲勒基金会主办的菲律宾国际水稻研究所举行学术研讨会，中国代表袁隆平应邀参加。菲律宾的热带风光跟中国的海南岛相似，这使第一次走出国门，来到这个东南亚国家的袁隆平感到亲切。

按照研讨会组织者的规定，每个专家组由两人发言，一人宣读论文，一人现场答辩。中国组推举了袁隆平和中国农业科学院的林世成研究员两人发言。继第一组日本的新城长友和一位美国教授发言后，轮到中国组了。林世成先生首先在规定时间内读完了论文，新城长友第一个提问：

“请问袁先生，根据你们论文中提供的数据，中国杂交水稻制种的异交结实率很高。你们是怎样达到这个水准的呢？”

“具体的做法，需要另外写一篇专文才能介绍清楚。但是，我可以扼要地说一点，总的原则是必须使母本和父本的花期相遇，再在这个基础上施以人工辅助方法，例如，割叶扫除花粉传播障碍，以及‘赶粉’等。”

“请问‘赶粉’是什么意思？”一位澳大利亚学者问道。

“这是我们中国农民发明的新名词。它的意思就是在杂交水稻不育系和恢复系扬花期的晴天午间，由人拿一根竹竿，横向推动父本的茎秆，使稻穗大幅度摇摆，抖动雄蕊，让花粉急剧飘散，使更多的母本雌蕊受精，以提高结实率。这动作就像贵国牧民赶羊一样，所以，我国农民就形象地称为‘赶粉’。”袁隆平的生动解答立即引起了满堂友好的笑声和掌声……

“尊敬的袁先生，认识您我感到非常荣幸。”会后，新城长友特地找到袁隆平攀谈。

“认识您我也很荣幸！”袁隆平真诚地回应。对这位1968

年就领先世界第一个搞成了杂交粳稻三系配套的领军人物，袁隆平心仪已久。

“可是，现在您已经走到我前头去了，我衷心地祝贺您！中日两国交往悠久，贵国最早的《齐民要术》现在还是日本农学界奉为圭臬的经典之作。唐代的鉴真大师今天在我国的奈良唐招提寺还受到日本民众的景仰和膜拜……”热情的新城长友不禁追溯起中日两国的友好历史。

“谢谢您的祝贺，谢谢您对中国历史文化的赞赏！我很乐意与先生保持联系。中日两国应当加强交流与合作。”袁隆平也由衷地表示。

眨眼3年过去了。1982年的一个秋日，菲律宾国际水稻研究所再次举办水稻研讨盛会，袁隆平再次应邀出席。

国际水稻所所长、前印度农业部部长斯瓦米纳森博士庄重地引领袁隆平走上主席台。这时，投影机在字幕上赫然打出袁隆平的头像，头像下方，显出“杂交水稻之父袁隆平”一行英文字。顿时，报告厅里掌声、欢呼声如暴风骤雨般遽然响起，经久不息。

先生们、朋友们：

今天，我十分荣幸地在这里向你们郑重介绍我

Father of Hybrid Rice
——YuanLongping

的伟大的朋友、杰出的中国科学家、我们国际水稻研究所的特邀客座研究员——袁隆平先生！

我们把袁隆平先生称为杂交水稻之父，他是当之无愧的。他的成就不仅是中国的骄傲，也是世界的骄傲。他的成就给世界带来了福音！

世界第一流的水稻专家们全部起立，向袁隆平致敬。对于这一安排，斯瓦米纳森事先没透露一点消息，因此，这番突如其来的隆重推介，完全出乎袁隆平意外，但他还是以中国的礼节恭敬地向大家深鞠一躬，然后用流利的英语向全体与会者致谢：

各位先生、各位朋友：

今天，能和老朋友们在这里再次相聚，与各位新朋友在这里相识，我也感到无比的愉快和荣幸！非常感激斯瓦米纳森博士对我的推介！我虽然在杂交水稻的研究方面做了一点工作，但不值得各位朋友如此隆重的礼遇。

我感谢大家的深情厚谊，并愿借此机会在这里表示，我们中国科学家非常乐意和世界各国科技界的朋友互相学习，携手并肩，为科学的进步和人类的幸福创造出更多的新成果。我也期待能在这里倾听到诸位更多的精辟见解和新颖思路，使我们的杂交稻研究如虎添翼。谢谢！

掌声、欢呼声又一次在宽敞的大厅久久回荡……

2. “Old Black Joe”

1980年5月9日，当地时间上午9时，袁隆平作为中国杂交水稻专家组的首席专家，携湖南省农科院副研究员陈一吾、慈利县良种场场长杜慎余一行3人，应邀乘飞机到达洛杉矶。美国圆环种子公司总经理威尔其和美国专家数人在机场迎候。当3人走下飞机舷梯，威尔其连忙满面笑容地迎了过来。但可笑的是，他与第一个向他伸过手来的袁隆平只是礼貌性地轻轻握了一下，却与第二位陈一吾副研究员热烈拥抱，紧紧地握住陈的手连声道：“您好，尊敬的袁先生！我是圆环种子公司总经理威尔其。真诚地欢迎您的到来！能够结识您这位伟大的科学家，并在美国接待您，我感到无比的荣幸！”

原来，威尔其虽曾几次赴中国谈判引进杂交水稻制种技术，却一次也没见过袁隆平。在他的想象中，这位了不起的科学家，应该有着一副养尊处优、颇具书卷气的派头。而到来的3位中国专家中，唯有陈一吾最为潇洒气派。所以，他一眼便认定，这位肯定就是首席专家袁隆平了。

3位中国人不由得一齐掩口而笑，威尔其马上也会意了，连声道歉说：“对不起，你们哪一位是袁先生？”

陈一吾连忙推过袁隆平用英语介绍说：“威尔其先生，这位才是首席专家袁隆平先生。我们都是他的助手。”

“噢，尊敬的袁先生，我认错人了。请您原谅！请让我再次向您表示崇高的敬意和热烈的欢迎！您将是我们公司和所有美国人最尊贵的客人和朋友。我衷心祝愿您在美国工作和生活得愉快！”威尔其说着紧紧握住了袁隆平的手，和他热烈拥抱在一起。

“谢谢您的热情迎接，威尔其先生。您认错人是完全可以理解的，因为许多中国人都会把我认错。我长年在田间试验，浑身上下都染上了不少中国农民的色调。”袁隆平风趣地说着，“我还有一个绰号，叫‘刚果布’，也就是‘非洲黑人’的意思……”

“您真了不起，袁先生。看到您，我能想象出您的伟大发明是怎样取得的了。”威尔其感佩地说。

宾主一番寒暄后，即同赴加利福尼亚大学农业实验站，由3位中国专家为美国科技人员授课和示范，传授杂交水稻制种技术。当晚，威尔其在饭店里为中国专家举行小型晚会。席间，威尔其亲自演唱歌曲欢迎中国客人，陈一吾和杜慎余两人都不善于表演，一齐推袁隆平出节目，以示答谢。从小爱好文艺、体育的袁隆平便不再推辞，他从主持人手中接过话筒，一首忧伤的早期美国电影插曲“Old Black Joe”便开始在晚会厅里鸣响：

Gone are the days when my heart was young and gay,
Gone are my friends from the cotton fields away,
Gone from the earth to a better land I know,
I hear their gentle voices calling“Old Black Joe”.
I’m coming, I’m coming, for my head is bending low,
I hear those gentle voices calling,“Old Black Joe”.

此刻，袁隆平的思绪似乎又回到了30年代他和父母在逃难途中，母亲在船上一边吟唱、一边向他们讲解这首歌的含义：

快乐童年，如今一去不复返，

亲爱朋友，都已离开家园，

离开尘世到那天上的乐园，

我听见他们轻声把我呼唤，

我来了，我来了，我已年老背又弯，

我听见他们轻声把我呼唤。

演唱完毕，小厅里一时寂然，素来欢乐无忧的美国人全被歌曲带进了历史上那悲惨的黑奴世界。良久，人们才从歌曲的情境中回过神来，惊喜的掌声、赞美声从四下响起……

中国杂交水稻专家来美传授制种技术的消息，很快通过当地报纸、杂志和广播、电视等新闻媒体，不胫而走，在美的华人华侨为祖国科学技术的惊人进步欢呼雀跃。连声名显赫的哈默博士也来邀请袁隆平出席西方石油股东大会。这位一生远航全球以友谊带动生意的商界巨子，把袁隆平请上了首席，推心置腹地向这位中国科学家表达他的敬意："袁先生，你们的精神境界，用我们西方的价值观念，是无法理解的。从市场经济学的角度来看，您的科学发明可能正孕育着一个新兴的产业，一个遍及世界的巨大市场，意味着千万亿美元的新创财富，足以使世界崛起10个西方石油公司规模的新型财团。光是中国市场，就可以使您成为第二个'洛克菲勒’。”

3.在共和国的花园里

1981年6月6日，国家科委、国家农委在北京联合举行科技特等发明奖授奖大会。以袁隆平为首的全国籼型杂交水稻科研协作组发明的籼型杂交水稻荣获了该项大奖。这是中华人民共和国成立以来的第一个大奖，紧接着国家农业部通知，美国西方石油公司为扩大杂交水稻的宣传，准备于同年7月派出一个电影摄制组来湖南拍摄一部题为《在中华人民共和国的花园里——中国杂交水稻的故事》的纪实影片。袁隆平将是影片里的主角。为了拍摄影片的需要，必须使袁隆平的家庭生活条件看上去像中国一流的专家，必须有独户居住的花园小洋楼，客厅里要有沙发、酒柜和电视机，厨房里要有冰箱，室外要有网球场和游泳池。

这一下可把湖南省农业厅、农科院和安江农校各方面都忙坏了。6月得到通知，7月电影就要开拍。这住房设施怎么也来不及建啦！好在安江农校刚建成了一栋相当漂亮的校长办公小楼，让袁隆平一家搬进去住着正好合适。只是少了厨房和卫生间，这也不打紧，靠着小楼后侧再加盖两间小平房，看上去浑然一体很是紧凑。于是，住房问题就这样解决了。

电器、家具让袁隆平自己买一些，学校借一些，包装一番，也就很有点专家居室的气象了。至于室外设施嘛，花园虽没有，但整个安江农校绿树成荫，花果飘香，环境幽雅，这就可以代替花园了。网球场没有，好在学校有篮球场、田径场、简易体操场可以代替。游泳池没有不行，因专家正好最爱游泳，恰好小楼旁有一池塘，用砖石水泥铺底砌岸，装上进、排水管道，安上钢梯和扶手，半个月就弄好了。

于是，7月，当美国电影摄制组组长劳克先生率领着他的小组来到安江农校时，袁隆平的家居已俨然是美国中产阶级模样了。更使劳克先生惊讶的是，袁隆平的母亲、一位中国内陆的81岁老太太，竟会讲一口流利的英语，会讲许多20~30年代美国中小学课本上的幽默故事，这使劳克先生一行倍感亲切。

“喔，好极了，袁先生。您真会选地方，这里的环境简直美极了。这个大院的资产都是您的吗？”劳克先生扫视着周围的环境问道。

“不是的，劳克先生。我们中国科学家的生活设施都是国家配给的。这里的一切设施我都可以无偿享用，但不能说是我私有的。只有我房子里面的东西才是属于我私有的。”袁隆平大体真实地回答着。

“噢，那中国科学家很幸福啦！在美国，可一切都得自己买。花钱不用说，还要劳神费心啊。”劳克先生羡慕地说。

“这您倒说对了。我们中国科学家有我们中国特色的幸福。所以，您这电影也就要给我们做足这方面的文章啰。”袁隆平笑着说。

这部影片，后来在美国、巴西、埃及、意大利、西班牙、葡萄牙、日本等各国播放。“东方魔稻”的神奇魅力，更加使世界为之倾倒。日本某出版社甚至出版了一本名为《神奇水稻的威胁》的书，惊呼“杂交水稻这一海外传奇给日本带来了风暴”。更有人将杂交水稻赞誉为是继中国古代的造纸术、指南针、火药和印刷术四大发明之后的第五大发明。

第十三章 科学家的情怀

1.不要做官，要做实事

袁隆平功成名就。荣誉与地位开始向他身上集结。1978年2月，他被推选为第五届全国人民代表大会代表；3月，再度进京出席全国科学大会，获杂交水稻研究项目奖和科研人员个人奖；6月被选为湖南省先进教育工作者，出席全省教育工作先进代表大会；10月出席湖南省科学大会，获集体与个人发明奖；随后，他即被正式调入省农科院，并晋升为研究员。1979年，又先后当选为农业部科学技术委员会委员、中国作物学会副理事长、中国遗传学会理事、湖南生物学会理事、湖南遗传育种学会副理事长、湖南农学会理事。

不久，中共湖南省委组织部的一位领导同志亲自找到了袁隆平，向他表示了党组织对他的欢迎，并希望他出任领导之职。

做官，这是千百年来多少人梦寐以求的啊！但袁隆平对此却委婉而又坦诚地表达了自己的心声：

“部长同志，我很感谢党的信任。但是，我还不符合党员的条件，对党的知识缺乏了解；毛泽东思想，我只学了《矛盾论》和《实践论》，所以，与其空有其名，还不如暂时不入。”

部长被感动了：“你的学生曾说，你的思想品格‘比共产党员还更共产党员’，可你自己却要求自己那么严！如果全体共产党员都能以你这样认真负责的态度来对待党组织，那我们的党就能永远立于不败之地了。”

“不过，党不能亏待为人民做出贡献的人！组织上想让你担任省农科院院长，享受正厅级待遇。”领导同志进一步表示。

“哎呀，部长同志。院长我可当不得啰，省农科院那么大的摊子，我怎么关顾得过来呀！”袁隆平着急地说。

“哈哈，你这个同志真有意思！要你做官像叫你服苦役似的。”领导同志不由得笑了起来，“这也是落实党的知识分子政策，体现党对知识分子的关怀呀。”

“我感谢组织上对我的关怀，但目前我的杂交水稻研究还存在着一些急待解决的问题，还想通过技术创新，亲手培育出一种增产潜力更大，稻米品质更优的新型杂交水稻，并且还想使中国的杂交水稻走向世界。这些都需要时间啊！所以，希望组织上就让我静心研究水稻吧。”袁隆平面对着党组织的领导，恳切地坦露他的心声。

后来，还有许多民主党派来邀请袁隆平加入，他都微笑地摇头谢绝。但为了工作需要，他还是担任了全国政协和科协常委、湖南省科协副主席等一些群众或学会组织的挂名职务，并接着当选了第六届全国人大代表。后来，由于他屡次请求，辞去了全国人大代表之职，只当了全国政协常委、湖南省政协副主席。不过，他还是提出：除了换届选举和特别重要的会议之外，一般活动他就不参加了。因此，他的实际职务一直只是个湖南杂交水稻研究中心（现为国家杂交水稻工程技术研究中心）主任。而唯有这个职务，是他最乐于担当的。

2.为“米菩萨”塑像

湖南郴州市北湖区华塘镇塔水村的农民曹宏球，出生于1960年，曾饱受饥饿之苦。初中毕业后因家贫辍学，直到粉碎“四人帮”，改革开放和杂交水稻几乎同时在中国大地上推行之际，他才开始尝到了“饱”的滋味。

他是同时代农民中比较有文化、思想又开放的先行者，不仅种出的杂交水稻年年超产，而且种的瓜果蔬菜也比其他人的好，通过自学，他培育出了新品蔬菜——无子苦瓜，进入20世纪90年代后，又转养蜜蜂，成为镇政府科技致富的典型。

苦去甘来的曹宏球，深知今日幸福生活的由来。他提出要用自己的私人积蓄为袁隆平塑一尊汉白玉石雕像。他在信中写道：

尊敬的袁先生：

我是一名农村知识青年，出生于1960年，差一点饿死在襁褓之中。在农村推广您所发明的杂交水稻之前，我没有吃过一顿饱饭。是您给我们送来了好种子，使我家今天不仅衣食无忧，住上了崭新的小洋楼，而且还有了五六万元的存款。我今天给您写信，就是想向您表达我对您的崇高敬意和感激之情。我相信，这也代表了广大农民的心愿。

我母亲信佛，常年礼拜观音菩萨，并教导我们有了钱要修桥补路，乐善好施。我现在有了一点钱，可是我们村的路和桥都修好了，施舍别人的事我也做了不少，因此，我想用现有的积蓄塑一尊您的汉白玉石雕像。我全家人都很赞成。我母亲尤其支持，她说修菩萨也是做大善事，袁先生就是“米菩萨”，修好后她要天天敬拜。

请您不要误会，我的本意并不是把您当菩萨来修的，而是为了纪念您的功德，使我们全村、全镇的农民子子孙孙都不忘记是谁使我们吃上了饱饭。为此，我请求您赐给我几张不同姿势的全身照片，以便我请合适的工匠参照您的照片来雕塑。

……

袁隆平当即回信说：

曹宏球先生：

来信收悉，谢谢你的好意。你和广大农民的心愿，是对我和我国科技工作者的最高嘉奖、鼓励和鞭策，在我看来，比诺贝尔奖还更荣耀。你们的这份情我就领了。我为人民和国家做了一点事，那是应该的，不值得你们这样去做。从你的来信看来，你目前虽有一点积蓄，但还不是很富有。因此我建议你把钱放到扩大再生产上去，你若一定要积德行善，社会上也还有很多公益事业可做。请你千万不要把钱浪费在为我塑石雕像上，请你尊重我的意见，我就不给你寄照片了。顺祝

阖家安泰！

袁隆平

可是，曹宏球还是设法找到了袁隆平的照片，随即乘火车北上，辗转来到河北曲阳县园林艺术雕刻厂。

经过4个多月的精心雕琢，一尊晶莹泽润的汉白玉袁隆平雕像终于面世了。它基本与真人成1∶1的比例，取的是袁隆平蹲于田埂、手捧稻穗、深情凝视的图案，连底座高1.6米。照曹宏球的说法，雕像高“一米又六”是“有米有肉”的意思。

3.火车上丢了五二

1981年8月，袁隆平携妻子和五一、五二两个儿子同往京城。

上车后，邓哲带五一坐了硬卧，袁隆平带五二坐了软卧。安顿下来后，袁隆平便从公文包里掏出一大摞文稿，开始逐页审读。他正在筹办一份《杂交水稻通讯》杂志，可是，还没看几页，五二就不时地指着车窗外的景物向他问这问那。他有口无心地回答了几声，五二表示很不满意，嘟起小嘴很不高兴地说："跟您坐在一起真没味道。我要去找妈妈和哥哥。"

"很好，你去吧。晚上再来爸爸铺上睡。"

孩子一溜烟就跑了。不知过了多久，邓哲过来看望，问起五二哪去了，袁隆平才知道这孩子溜出软卧间后并没有找到妈妈，于是在列车长的帮助下找遍了整列火车，列车播音室又反复广播，仍是踪迹杳然。邓哲又气又急，两串眼泪止不住流了下来。

袁隆平也不觉低垂了脑袋。是呀，多少年来，为了工作，自己一直很少顾家，甚至一年只回一次家，和妻子见一次面。妻子常年一人在家拖老带小，而自己仅仅带一个孩子坐几小

时火车，就把孩子给弄丢了……

此刻，列车长见状也额头直冒汗，连连劝解着：“请别着急。列车马上就到站，我们已经通知列车曾经停靠过的各个车站帮助查找。”

说话间，车站广播里果然响起了呼告：“袁隆平先生请注意，您的孩子在娄底车站漏乘，现正在车站民警值班室等您……”

原来，五二一跑出软卧间，列车就停靠在娄底车站。他见列车过道人多不好走，便跳下车，顺着站台往妈妈的车厢跑。可是，他一下认不出妈妈是在哪节车厢，列车开动了，他还在站台上跑，眼看着列车加速离去，直急得哇哇大哭……

第十四章 取得真经

1.“杂交水稻”圣地

1986年10月6日，世界首届杂交水稻国际学术讨论会在长沙举行。来自美国、日本、菲律宾、比利时、巴西、埃及、印度尼西亚、伊朗、意大利、墨西哥、斯里兰卡、英国、泰国、马来西亚、孟加拉国、荷兰、加纳等20多个国家，以及国内24个省市的200多名专家学者欢聚湖南杂交水稻研究中心。长沙自有史以来，第一次迎来这么多国家的学者与会。

在4天的会议中，16位中外学者先后作了学术报告，作为东道主的袁隆平，最后一个登台，他在向与会者报告了杂交水稻研究与发展的现状后指出："三系法杂交水稻制种存在工艺复杂、增产潜力已到极限等多项不足，这种育种方式必须予以淘汰……要使杂交水稻育种方法由繁到简，从三系简化到两系再到一系；杂种亲缘的利用范围，必须由近到远，从品种间杂交到亚种间再到远缘间；杂种优势必须由强到超强方向发展。"

袁隆平的报告，使全体到会的专家学者又一次震惊了。

几十年来，正当国际同行们关于杂交水稻的梦想一个个破灭时，袁隆平凭着他锲而不舍的努力，终于美梦成真；而当同行们都对袁隆平的研究成果赞不绝口时，袁隆平却预言到了它的不足：今天的三系法品种间杂交，明天将要被优势更强的两系法亚种间杂交所替代，后天将进一步被优势超强的一系法远缘杂交所替代。人们理解到，到了一系法远缘杂交成功的阶段，杂交水稻的杂种优势将被固定在稻谷中，形成一个超强优势品种，那时，就不再需要年年重复制种了。从形式上看，种子的运用又回到了常规稻时代，但品质和产量将远远超过以往的任何一种杂交稻。

袁隆平的这一战略设想，立刻被中外学者赞誉为"袁隆平思路"，一致提出将它写进会议文件。菲律宾国际水稻研究所所长斯瓦米纳森，曾代表菲律宾国际水稻研究所给湖南杂交水稻研究中心赠送了一块纪念匾，可现在他觉得意犹未尽，他对前来采访的记者说：“国际上认为，世界水稻由高秆变矮秆，是全球第一次绿色革命；杂交水稻的世界范围普及将带来全球第二次绿色革命。袁隆平先生为解决世界粮食问题做出了杰出的贡献，但他的贡献还在继续。湖南杂交水稻研究中心将会成为国际杂交水稻研究培训中心、研究新成果的永久策源地。”

10月10日晚上，在湖南省省长举行的宴会上，菲律宾原农业部副部长乌马里博士风趣地说：“中国有句古话，‘上有天堂，下有苏杭’。对于水稻工作者来说，应该是‘上有天堂，下有长沙’。因为杂交水稻研究中心在长沙，这里是各国杂交水稻研究工作者朝觐的圣地。如果你没有拜见过‘杂交水稻之父袁隆平’，那说明你的科研之旅还没有起步。”

他的这番话引来了满堂欢笑……

3.再闯难关

20世纪80年代后，袁隆平连续获得联合国教科文组织、世界粮农组织以及国内外各种科研机构和基金组织的十几项大奖，面对接踵而至的荣誉，袁隆平一天也没有停步歇息。

这天下午，他如同往日一样，一身大汗两腿泥巴，神情疲惫地回到家里，87岁的母亲忍不住心痛地说：“你也快60岁的人了，还这样顶着大太阳下田。种田的农民，中午也得在屋里躲一躲日头呀！”

“妈，我才57岁。别看我瘦，身子骨还很硬朗呢！我现在还能下田。我们不比农民，农民争日不争时，我们就靠争晴天中午这段黄金时间，怎敢浪费一分一秒？”袁隆平提起精神回答道。

看着儿子这倔强劲，母亲不由泪水盈眶，声音颤抖地说：“你要干，妈也拦不住你。但一个人总不该累死累活一辈子呀！”

“唉——妈，您这是怎么啦？我不是活得挺好的吗？人生最大的幸福是能够心情舒畅地干自己想干、爱干的事，我现在已经得到了这最大的幸福。我唯一的不满，就是杂交水稻技术上还有许多缺陷啊！”袁隆平见母亲为他心酸，不由得又是感激又是着急地安慰道。

1989年，长江中下游及以南地区出现了盛夏异常的低温，使这些区域内已通过鉴定的不育系产生了不稳定现象：一些获得雄性不育性状的品种，出现了可育现象，杂交制种陷入了困境。

担任了“863”计划水稻两系法亚种间杂交育种专题组责

任专家的袁隆平没有惊慌，他和助手们一起分析了各种原因，研究了长江流域有记录以来的所有气象资料，发现这些地区盛夏最低日平均气温从没有低于24摄氏度的记录。只要从现有的两系不育稻中，转育出一些起点温度不高于24摄氏度的新型不育系，就可以保证在这些地区进行杂交制种。于是他除了平原、丘陵地区外，还在海拔200～2000米的山区不同高度上设立了多个实验点，展开转育试验。

1991年，湖南杂交水稻研究中心研究员罗孝和培育出了一个不育起点温度为23.3摄氏度的低温不育系，当年8月通过“863”专题专家组鉴定，表明不育起点温度低于24摄氏度的两系不育稻完全可以培育出来。

第二年，袁隆平据此发表了重要论文《选育水稻光、温敏核不育系的技术策略》，使两系不育稻的理论和实践同时获得重大突破。从此，全国两系法杂交水稻研究进入了一个实用攻坚的阶段。

1993年，在袁隆平的指导下，罗孝和等又采用冷水串灌降温、稳温的办法使不育系的自交繁殖亩产达到127公斤，两系法杂交水稻的实际应用从此成为现实。

但是到了1994年，随着繁殖代数的不断增加，原在1991年鉴定时不育起点温度为23.3摄氏度的两系不育稻，不育起

点温度竟然逐代上浮到了24摄氏度以上。袁隆平把这种现象称为不育起点温度漂移。不育起点温度漂移到24摄氏度以上，杂交制种的纯度就失去了保证。这时，从全国各协作研究单位调度的情况又发现，几乎所有已通过鉴定的两用核不育系都发生了不育起点温度漂移现象。两系法的生产应用，又遇到了拦路虎。

袁隆平立即兵分两路，一方面组织研究力量从理论上找出不育起点温度漂移的原因；另一方面，于1995年亲自设计了一套核心种子生产程序，消除不育起点温度漂移的不利影响，使两系法杂交水稻的生产应用问题迎刃而解。

同年8月，在湖南怀化召开的“863”高科技计划两系法杂交中稻现场会上，袁隆平正式宣布：我国两系法杂交水稻研究，历经9年努力，已获基本成功。

4.真理的声音

20世纪90年代初，全国出现了农民卖粮难的现象，一些人便以为中国粮食过剩，对杂交水稻的存在发生了怀疑。1992年，一份报纸在头版头条登出了一篇座谈纪要，说杂交水稻是“三不稻”:“米不养人，糠不养猪，草不养牛”。

面对扑面而来的责难，袁隆平沉默了。他知道，我国农村确实出现“卖粮难”的问题，但这是否就真的是中国粮食已经太多，今后再也不用强调粮食高产了呢？他看过一份世界银行报告，1990年，美国国民的人均谷物使用量为889公斤，加拿大为1352公斤，匈牙利为1100公斤，丹麦为1314公斤，而中国仅为357公斤。这表明中国的“卖粮难”是低消费水平的“卖粮难”，是市场不需要的品种过多，市场需要的品种不足。所以，一方面，产粮大省的农民喊“卖粮难”，另一方面，国家和某些省市每年要向国外进口大量的粮食。

袁隆平对他的助手说：“杂交水稻既能高产，也能优质。不管外界舆论如何，今后我们的研究发展方向，还是要在继续提高产量的基础上，不断改善米质。不能走美国、泰国等土地资源丰富的国家，水稻优质低产的路子。”

袁隆平日思夜想，内心久久不能平静：作为一个对国家的战略大局负有特殊责任的清醒公民，他没有理由对这种误导苍生的高谈阔论保持沉默，而应当澄清事实，肃清这种不良影响，保证粮食生产的正常发展。但自己作为“杂交水稻之父”，正当别人在贬责自己的“孩子”时，如果公然站出来抵制，维护这“孩子”的声誉，人家会不会讲你容不得反对意见呢？

一连3个月，他忧心如焚，却又举棋不定。6月上旬的一天，江西省一位副省长来访，跟他谈起了某些传媒贬斥杂交水稻的言论，已在农民群众中引起很大疑惑，科学家不出面说清有关问题，必将影响粮食生产。这时，他才最终确认了这场杂交水稻之辩，已远远超出了个人荣辱毁誉的范围，便下定决心，甘冒天下之大不韪，亲自出马为杂交水稻一辩。他向《人民日报》写了一封署名信，用确切的数据、朴实的语言，说明了多数杂交水稻米质较好，只有个别米质较差的事实，以及杂交水稻对解决我国粮食问题发挥的重大作用。

1992年6月18日，《人民日报》以“杂交水稻既能高产又能优质”的标题，刊登了袁隆平的这封来信。他以一个平民百姓的低姿态，生动而有力地说明了我国杂交水稻生产以及稻米品质的实际情况，指明了杂交水稻的光明前景，叫人不能不信服。

这篇文章的发表，使杂交水稻在广大公众面前正了视听，尤其是增强了广大农民群众种植杂交水稻的信心，为稳定全国粮食生产发挥了积极作用。

第十五章 当代神农

1.祭奠炎帝陵

1996年清明节，湖南炎陵县的炎帝陵前香烟缭绕，古乐悠扬，万众涌动，十数管土铳冲天震响，拉开了湖南省自新中国成立以来第一次祭奠炎帝陵的序幕。

炎帝出生于陕西，终老于湖南。他教民农耕，播种五谷，又尝百草，兴医药，故号为神农，被尊为药祖。

上午9点半，祭陵开始。主祭人袁隆平在数十位领导、数百名中外来宾和万名参祭群众的热烈簇拥下，来到陵前。司仪宣布献太牢，上供果。接着三具牛、羊、猪头和百样果蔬被礼仪人员抬上供桌。随后，主祭人和各位陪祭人依次就位。少顷，袁隆平高擎起火把，点燃了祭坛前的圣火。领导、来宾先后奠酒、颂祭文、讲话，全体向圣像和陵寝鞠躬行礼。最后，举行了古朴典雅的古乐和舞蹈表演。

与有史以来的历次祭奠仪式不同的是，这次祭奠活动的主祭人是被人们誉为“当代神农”的袁隆平。

尤其具有戏剧性的历史巧合的是，就在这之前不久，考古学家在离此不远的株州市发掘出了距今7000 ~ 9000年前的人工栽培水稻，证明了早在远古时代神农氏教民农耕的传说。今天，在人工栽培水稻的始祖——神农当年教民耕作的地方，又成长起了当代的杂交水稻之父！

“袁隆平同志，今天，对你来说，可是一个特别不寻常的日子啊！作为炎黄子孙前来拜谒我们的始祖陵，我们每一个人的心情都是激动的。但作为一名水稻专家和当代神农，你不仅是炎帝‘血统’的继承者，而且还是炎帝‘学统’的继承者呢！”一位领导在祭陵后饶有风趣地对袁隆平说。

“当代神农我可不敢当啊！所以，今天让我担任主祭，我都感到非常惭愧和惶恐不安。不过，我为自己能有幸成为炎帝‘血统’和‘学统’的继承者感到自豪。”袁隆平由衷地说。

2.超级发挥

从1999年以来，美国权威的《科学》杂志，先后4次介绍袁隆平的超级杂交水稻研究。

其实，早在1985年，袁隆平就在寻找超级稻的育种途径和理想模式。在当年发表的重要论文《杂交水稻超高产育种》中，首次提出了中国杂交水稻超高产育种的目标：争取在1990年早稻亩产达到660公斤，晚稻达到720公斤。1997年，根据已经变化了的情况，袁隆平再次以《杂交水稻超高产育种》为题，提出了一个全新的杂交水稻育种理论设计方案：在国家第九个五年计划期间，也就是2005年前，达到每公顷日产稻谷100公斤，还要求米质达国家二级优质米标准，抗两种以上水稻病虫害。

接着，他以杂交水稻中心与江苏农科院共同选育的两系法亚种间苗头组合培矮64S/E32为例，提出了库大源足，以增源为核心，选育叶片长、直、窄、凹、厚，冠层高而重心低的超级稻优良株叶形态模式：“库”，指的是水稻的穗，它就像是一个储藏粮食的小仓库；“源”，是指利用光合作用，将太阳能转化为果实的叶片，它是果实获得能量的源泉。而长、直、窄、凹、厚，冠层高的叶片，最有利于发挥光合效率，重心低，则可以抗倒伏，防早衰。

1999年8月至9月，超级杂交稻研究试种频频传来丰收的捷报，湖南省的龙山、凤凰、绥宁等地的百亩片，亩产都超过700公斤；江苏等江南一些省份，一批百亩片也喜获丰收。

这天，云南瑞丽地区永胜县涛源乡试种点上传来一个振奋人心的消息，那里的水稻亩产可能要过1000公斤，喜讯传到杂交水稻研究中心，袁隆平立即停下手中的研究，带着助手们飞赴云南，当时人们关注的“世界博览会”正在昆明摆开了热闹的舞台，但是他们谁也无心观看，旋即直飞瑞丽，然后马不停蹄地乘越野吉普车往试种点赶。车在陡峭而颠簸的盘山公路上蜿蜒爬行，山下就是湍急奔腾的金沙江，助手们人人手捏一把汗，担心老师和沿途的安全，但袁隆平却像对这一切视而不见，一路和大家谈笑风生……经过整整4个小时的“危途”，好不容易赶到了试种点。

面对着一大片谷粒壮硕、沉甸甸地弯下了腰的稻谷，袁隆平以他敏锐的目光扫视了一遍，抑制不住兴奋地对助手们说:“你们看吧，这里的产量要创世界纪录了！”果然，经验收，每亩产量高达1139公斤，大幅度地超过了国际稻作界普遍认定的每亩1060公斤的水稻单产理论极限。

2000年3月31日，又一次国际水稻学术大会在菲律宾马

尼拉召开。袁隆平向来自世界40多个国家的200多名与会科学家报告了中国超级杂交水稻的大面积试种成果。人们再次为中国超级杂交稻的高产性能感到震惊，因为此时此刻，日本和国际水稻所连他们制定的每亩800公斤的超级稻产量指标都还没有实现呢。

第十六章
一座科技丰碑

1. 袁隆平星

1999年10月26日，庄严的北京人民大会堂。中共中央正在这里举行一批小行星命名仪式：经国际小天体命名委员会批准，中国科学院北京天文台施密特CCD小行星项目组发现的一颗小行星，被命名为“袁隆平星”……

袁隆平的名字品牌和无形资产曾被有关部门评估价值为1008.9亿美元，在已成立的隆平高科技公司中，作为“隆平高科”第四大股东，他已成了绿色王国的亿万富翁。然而，他却对这一切看得极为平淡。

新闻发布会上，当一位记者问起袁隆平对隆平高科技公司的成立和当了亿万富翁的感觉时，他坦言道："人身上最值钱的东西，是脑袋里的知识！说老实话，用我的名字搞'隆平高科'，我本来是不同意的，袁隆平今天涨了三分，明天跌了三分，多难听呀。"说到此，他自己都忍不住笑了，"但是抓鸡要投米，钓鱼要鱼食。"他举了个例子："我们在缅甸做了实验，增产幅度很大，花了50万。第二年要做10个实验点，我们没有钱。外国人说他们投资，但要赚大头。品种、技术、人才都是我们的，划不来。有了个隆平高科，每年的科研经费有了保障，我也能安心了。"他转而幽默地说："至于我这么个糟老头子，才1.69米高，60公斤重，连骨头卖了都值不了几个钱。"

又一位记者穷追不舍地问："您这一生希望有多少资产？"为了不让记者扫兴，袁隆平仍然笑着说："我只希望有一个小棚子，下面一口小猪，足矣。"见满座的人一时不解，袁隆平又用手比画着说："这是个'家'嘛。这个棚子就是上面的宝盖头，下面这个'豕'字，古代讲不就是猪吗？"在人们会意的笑声中，他接着说道："有一首歌是这样唱的：'我想有个家，一个不需要多大的地方……'这是对的。家再大，你也只能睡一张床，资产再多，你每天也只能吃三餐饭，对不对？所以，我对钱这个东西看得很淡，够用就行。"

袁隆平是一个心底无私的人。这些年来，他将联合国教科文组织颁发的十几万元奖金全部捐献出来，设立奖励基金，奖给有贡献的科技工作者；把每年与美国水稻技术公司合作所得的顾问费近100万元用作所长基金，资助科研人员，特别是具有潜力的年轻人开展项目研究。国际上多家机构和组织高薪聘请他出国工作，他都婉言谢绝："我离不开生养我的这块土地和这里的人民。至于名和利，都是包袱，我只坚持做自己想要做的事。"

又是一年春草绿。在刚过了新千年的2001年2月19日，北京人民大会堂又迎来了万众瞩目的时刻——首届"国家最高科学技术奖"的颁奖典礼在这里隆重举行。袁隆平和著名数学家吴文俊一起，作为两位获奖科学家，从国家主席手中接过了他亲笔签署的奖励证书和500万元奖金。

在暴风雨般的掌声中，袁隆平发表了激情的感言：

"我作为农业科技战线的一位老兵，能代表我国广大的科研工作者，获得新中国成立以来第一个最高科技奖，感到无比光荣，这是党和国家给予我们科技工作者的极大关怀。回想我们杂交水稻研究的过程，每一步都得到了党和政府的巨大支持……科学研究无止境，杂交水稻研究是我永恒的事业，毕生的追求……"

在这个激动人心的时刻，面对党和人民，袁隆平决心在古稀之年，继续书写人生的新篇章!

2. 感动中国

2005年2月17日，中央电视台“感动中国2004年度人物评选”揭晓，袁隆平等10人荣获了中央电视台“感动中国”奖。

主持人在宣读袁隆平的颁奖词时，这样赞美道：

“他是一位真正的耕耘者。当他还是一个乡村教师的时候，已经具有颠覆世界权威的胆识；当他名满天下的时候，却仍然只是专注于田畴。淡泊名利，一介农夫，播撒智能，收获富足。他毕生的梦想，就是让所有人远离饥饿。喜看稻菽千重浪，最是风流袁隆平！”

然而，作为十大人物之一的袁隆平此刻却没有到场。

这使人们油然想起了他在为水稻制种的漫长岁月里，在海南三亚度过了10个春节；孩子出生时，他不在身边；父亲和岳母病故时，也不在身边……

人们还想到了他一直拳拳于心的两个愿望：“一是到2010年，第三期超级稻的目标要实现实验田亩产900公斤。到那时，我正好80岁，腿脚还能动，应该没问题。第二个愿望是把杂交水稻推向全世界，大概需要5到10年时间。”

时间！时间！已经75岁的袁隆平还在惜时如金，争分夺秒！

在蜂拥而来的荣誉和鲜花面前，袁隆平没有陶醉，他一如往昔地潜心于杂交水稻研究：可以缺席的会议和社会活动，一概推辞，每天依然头顶烈日，脚踏泥土，穿行在绿色的田野里。

他对助手们说：“搞三系杂交水稻，主要是顶着太阳到田里去寻找不育材料；搞两系和超级杂交水稻，主要是要掌握不育材料在温度中的变化，特别是阴雨低温中的变化。所以搞三系老是晒太阳，可谓‘火热’；搞两系和超级稻则老是要淋雨，可谓‘水深’。搞杂交水稻的人，不经过‘水深火热’，是很难出成果的哟。”

他的助手们还记得1999年夏季的一天，袁隆平从外地回来，刚进办公室，外面就下起了大雨，他忙向助手借了摩托车、头盔和雨披，骑上小摩托车去了田里。雨幕中，只见袁隆平一个人在田间，红色的头盔在碧绿的秧田中一枝独秀，他神情是那样专注，一会儿用手拨开田水观看根系，一会儿抽出一个幼穗掰开细细端详……他俯身与土地深情凝望的这一形象，已经在他的助手们和全国人民的心目中定格！

人们忘不了那场“科学在中国”大型文艺晚会，杂交水稻专家袁隆平演奏已故地质学家李四光创作的小提琴独奏曲《行路难》。

“行路难，行路难，多歧路，今安在？长风破浪会有时，直挂云帆济沧海。”源于李白名诗的旋律深沉凝重、跌宕起伏，不禁令人想起这位曾与蜀地结下不解之缘的科学家一生曲折回环，攻关创业，他面对的种种艰难，堪比李白那一唱三叹的名句“蜀道之难，难于上青天！”

为人民奉献了全部爱的科学家，人民也回赠他以炽热的爱。当袁隆平回到家乡，家乡人民万人空巷地欢迎载誉归来的游子。当他回到母校，母校上千名学子手捧鲜花，在雨中夹道呼喊他的名字。人们还铸造了中华万寿鼎，它汇聚了母亲河的清泉、高山的沃土、采自家乡隆平百亩超级杂交水稻基地的稻穗。当袁隆平双手接过那尊宝鼎时，不禁百感交集，语声哽咽……

3. 造福世界

20世纪90年代，美国世界观察研究所所长莱斯特·布朗曾在他的“中国威胁论”中提出了设问：下世纪30年代，中国人口将达到16亿，到时谁来养活中国，谁来拯救由此引发的全球性粮食短缺和动荡危机？此时，已在杂交技术创新转化中创造了巨大效益的袁隆平，自信地向世界宣告："中国完全能解决自己的吃饭问题，中国还能帮助世界人民解决吃饭问题。"

几十年后的今天，布朗关于中国粮食安全危机的预言非但没有发生，相反，由以袁隆平为代表的中国农业科技工作者选育的杂交水稻，已播撒到世界40多个国家和地区，福泽全球。

自1980年，杂交水稻作为我国出口的第一项农业专利技术转让给美国，引起了国际社会的广泛关注。90年代初，联合国粮农组织将推广杂交水稻列为解决发展中国家粮食短缺问题的战略措施，袁隆平被国际粮农组织聘为首席顾问。自此，以袁隆平为首的中国杂交水稻专家多次赴越南、缅甸、印度、美国、菲律宾、孟加拉国、斯里兰卡、巴基斯坦、巴西、文莱、马达加斯加、尼日利亚等国，指导和帮助发展杂交水稻，为80多个发展中国家培训了14000多名杂交水稻的技术人才。

在1982年马尼拉国际水稻年会上，袁隆平被国际同行誉为"杂交水稻之父"。由于他在这个领域持续不断地保持领先地位，先后获得了联合国知识产权组织颁发的"杰出发明家金质奖"、英国让克基金会"农学与营养奖"、美国菲因斯特"拯救饥饿奖”，联合国粮农组织颁发的“粮食安全保障荣誉奖”、日本“日经亚洲大奖”、日本“越光国际水稻奖”、菲律宾拉蒙·麦格赛赛政府服务奖、以色列沃尔夫农业奖、世界粮食基金会授予的“世界粮食奖”、亚太种子协会授予的“杰出研究成就奖”，以及香港地区颁发的首届何梁何利基金科学与技术进步奖等。2006年4月25日，袁隆平成为我国农业科学界首位入选美国科学院的外籍院士。2018年，获中共中央、国务院授予的“改革先锋”称号和“改革先锋奖章”。2019年，他获得国家主席亲授的中华人民共和国的最高荣誉——共和国勋章。

国际水稻界赞誉袁隆平率领中国科研团队发明的超级稻为“东方魔稻”：以占世界7%的土地，养活了占世界22%的人口；据有关专家测算，水稻产量潜力可达每亩2000公斤；按2.5%光能利用率计算，每亩水稻的产量潜力是：早稻1000公斤，晚稻1200公斤，中稻1500公斤。而目前世界平均现实产量还只有193公斤。

今天，杂交水稻正从亚洲、非洲到美洲广泛传播，为人类提供营养丰富、数量充足的粮食，养活了数以千万计的人口。为此，沃尔夫奖评审委员会称，袁隆平“是现代农业研究史上一个科学巨人，他对世界性的食物生产产生了极大影响……”

美国著名农业经济学家唐·帕尔伯格曾撰文指出“袁(隆

平）正引导我们走向一个丰衣足食的世界……他把西方国家抛到了后面，成为世界上第一个成功地利用了水稻杂种优势的伟大科学家。”

国际水稻研究所盛赞袁隆平“为世界创造了一个感人肺腑的神话。杂交水稻、超级杂交稻的成功，不仅解决了中国粮食自给难题，也为世界粮食安全做出了贡献。”

目前，稻米是全球大约30亿人民的主要食物。杂交水稻已经在中国累计推广60多亿亩，共增产稻谷6000多亿公斤。中国连续创造杂交水稻亩产的最高纪录：2014年首次突破亩产1000公斤，达1026.70公斤，2017年达1149.02公斤，2018年达1152.30公斤。全球有40多个国家和地区实现了杂交水稻的大面积种植，全球杂交水稻每年种植面积达到700万公顷，普遍比当地水稻增产20%以上，在当地不断创造出高产纪录。

2016年，87岁的袁隆平带领团队，向“海水稻”发起了挑战，在新疆、山东、浙江、黑龙江、陕西等全国五大类型盐碱地区域开展测试，希望盐碱地也像普通耕地那样造福人类。他设定的目标是：在8年时间里推广1亿亩海水稻，按照每亩300公斤收入，至少可以多养活1亿人口。

2020年，袁隆平过90岁生日前，穿上精神的格子衬衫，特地理了发。理完发，他笑呵呵地说，“我又年轻了两岁。”

此时，他仍然怀揣着年轻时的两个梦想：一个是禾下乘凉梦，另一个是杂交水稻覆盖全球梦。

他说："我梦见我们的超级稻，长得有高粱那么高，穗子有扫帚那么长，籽粒有花生米那么大。我就跟我的助手在一起，坐在稻穗下乘凉。第二个梦就是杂交稻覆盖全球梦。全世界有上百亿亩稻田。如果有一半种上杂交稻，可以增产多少粮食呢？可以增产一亿五千万吨粮食。全世界人就都吃饱了。"

山外青山楼外楼，
自然探秘永无休。
成功易使人陶醉，
莫把百尺当竿头。

这是袁隆平挂在自己书房的一个条幅，也是他的内心独白。

2021年5月22日，袁隆平在湖南长沙永远地离开了我们，举国同悲，山河失色。

长恸无双国士，中华星陨朗空泪雨洒。

永怀一代神农，嘉禾梦护黎庶仓廪实。

伟大的人民科学家袁隆平将永远活在人民心中！